Raubtier-Strategie oder Faultier-Intelligenz?

Manfred Sliwka

Raubtier-Strategie oder Faultier-Intelligenz?

Zwölf Briefe an die Mächtigen

Bibliographische Information der Deutschen Bibliothek:

Die Deutsche Bibliothek verzeichnet diese
Publikation in der Deutschen Nationalbibliographie;
detaillierte bibliographische Daten sind im Internet
unter http://dnb.ddb.de abrufbar.

Manuskriptbetreuung: Luitgard Pohlen
Umschlaggestaltung: johnen-druck GmbH & Co. KG, Bernkastel-Kues
Herstellung und Verlag: Books on Demand GmbH, Norderstedt
ISBN 978-3-8391-7330-5

Inhalt

Einleitung 8

1. Brief: Macht 14
2. Brief: Evolution...28
3. Brief: Darwin...40
4. Brief: Vielfalt 52
5. Brief: Mutation 64
6. Brief: Wertelandschaft...76
7. Brief: Katastrophen 88
8. Brief: Erziehung 100
9. Brief: Wirtschaft 112
10. Brief: Politik 122
11. Brief: Kulturen... 136
12. Brief: Ethik 144

Nachwort.. 150

Literatur 154

Weitere Bücher des Autors 156

»Manche Menschen benützen ihre Intelligenz zum
Vereinfachen, manche zum Komplizieren.«

Erich Kästner (1899–1974),
deutscher Schriftsteller

Ihr Mächtigen,

drei Erkenntnisse möchte ich Euch mit diesem Buch um die Ohren schlagen:

1. *Es stimmt einfach nicht, dass die Raubtier-Strategie die erfolgreichere ist.*
2. *Es gibt eine System-Intelligenz, die auf Symbiose und Kooperation setzt.*
3. *Die Evolution ist ein riesiges Versuchslabor auf der Suche nach Überlebensstrategien.*

Daraus können wir lernen. Das hätte erhebliche Konsequenzen für den großen Prozess der Welt-Evolution, in dem Ihr Mächtigen Eure Macht und Eure Verantwortung habt.

M. S.

Einleitung

Warum bewundern wir Menschen Raubtiere? Wir halten sie für stark, clever, schnell und geschmeidig. Wir bewundern ihre Angriffsstrategien und Taktiken. Wenn sie die Beute gerissen haben, gelten sie als Sieger. Wir halten Raubtiere für intelligent.

Und kaum ein Tier ist mehr verachtet worden als das große Faultier.

Schon der französische Naturforscher Georges Cuvier hat sich vor 170 Jahren aufgeregt, dass die Natur etwas so Unvollkommenes und Komisches zustande gebracht haben sollte.

Ein anderer Naturforscher, Georges Louis Buffon, spricht von den »langsamen und blöden« Tieren. Alfred Brehm, der Verfasser von »Brehms Tierleben« hielt Faultiere für »stumpfe und träge Geschöpfe« und für »Stiefkinder der Natur«. Der amerikanische Zoologe und Tierschriftsteller William Beebe hatte seine Zweifel, ob Faultiere überhaupt ein Recht hätten, auf der Erde zu leben.

Aber: Die Faultiere sind ja viel erfolgreicher als die Raubtiere.

Wenn man den Lebenserfolg an der Dichte misst, in der Faultiere in einem bestimmten Areal überleben können, gehören sie zu den erfolgreichsten Tieren dieser Erde. Denn auf einem Quadratkilometer Regenwald können 700 Faultiere leben, aber z. B. nur 70 Brüllaffen.

Also kann das »System Faultier« so dumm dann doch nicht sein. Das »System Faultier« ist sogar hochintelligent, wenn man Maßstäbe der Beurteilung ansetzt, von denen wir Menschen auch noch sehr viel lernen müssen.

1. *Die Ressourcenverwertung*
   Das große Faultier kommt bei seiner Ernährung mit etwa zehn Prozent der Biomasse aus, die vergleichbare Säugetiere benötigen. Es hat einen sehr großen Mehrkammer-Magen. Es lässt sich bis zu einem Monat Zeit, bis der Mageninhalt verdaut ist. Ein spezieller Bakterien-Cocktail im Magen hilft ihm bei der Verdauung.

2. *Der energiesparende Lebenswandel*
   Das Faultier schläft 15 Stunden am Tag. Es hängt reglos im Baum. Die Körpertemperatur kann dabei auf 25 Grad Celsius absinken. Wenn es sich bewegt, dann mit einer Geschwindigkeit von 2,5 Metern pro Minute. Das entspricht einer Geschwindigkeit von 0,15 Stundenkilometern. Es könnte sein, dass es Schnecken gibt, die schneller sind. Einmal pro Woche steigt das Faultier von seinem Baum, um auf der Erde seinen Kot abzusetzen.

   Um sich möglichst wenig zu bewegen, hat das Dreifinger-Faultier neun statt sieben Halswirbel, wie alle anderen Säugetiere. Das heißt, es kann den Kopf besser drehen bis zu 270 Grad und erreicht dadurch noch Blätter, ohne sich mit dem Körper bewegen zu müssen.

3. *Die friedliche Koexistenz*
   Bei den Dreifinger-Faultieren hat jede Familie einen ganz bestimmten Bakterien-Cocktail im Magen, der anders sein kann als der der Nachbarfamilie. Die Mutter gibt diesen Bakterien-Cocktail den Kindern durch »Schluckimpfung« weiter. Mit diesem Bakterien-Cocktail kann die Faultier-Familie ganz bestimmte Blätter besser verdauen. Sie hat dann bis zu zehn Lieblingssorten. Da die Nachbar-Familie einen anderen Cocktail hat und andere Blätter bevorzugt, zankt man sich nicht um die Ressourcen, und die Biomasse wird sehr viel besser ausgenutzt. Es gibt also keine Revierkämpfe um die Nahrung.

4. *Feindverhalten*

Wie wird das Faultier mit Bedrohungen und Gefahren fertig? Raffiniert ist: Es hängt sich an einen Ast, der in seiner Dicke und Stärke so bemessen ist, dass er gerade das Gewicht des Faultiers trägt. Jedes Raubtier »weiß«, dass es abstürzen wird, wenn es diesen Ast betritt. Das schützt das Faultier.

Vor allem aber ist das Faultier hervorragend getarnt. Es hängt sich in dichtes Laubwerk und ist kaum zu sehen – auch nicht von Raubvögeln. Das Fell schimmert grün und entspricht der Farbe des Blattwerkes.

Aber es kann sich auch wehren. Wenn es zum Boden steigt und von einem Raubtier angegriffen wird, schlägt es mit seinen scharfen Krallen hart und präzise zurück.

5. *Symbiosen*

Das Faultier lebt kooperativ mit Algen und Insekten. Algen haben sein Fell besiedelt. Sie nutzen die Feuchtigkeit des Faultierfelles. Die Gegenleistung besteht in der Tarnfarbe, die sie dem Faultier geben, die es davor schützt, von Feinden entdeckt zu werden.

In dem Fell der Faultiere haben Forscher bis zu 120 Insektenarten gefunden, unter anderem Schmetterlinge. Welchen Nutzen in dieser Lebensgemeinschaft das Faultier hat, weiß man nicht so genau. Vielleicht schützen die Insekten es vor schädlichen Krankheitskeimen.

Ist das Urteil über die »blöden, stumpfen und trägen Geschöpfe«, die Faultiere, also berechtigt?

Nein. Das »System Faultier« ist ein hochintelligentes System. Und es ist ein System, von dem wir Menschen mehr lernen könnten als von den Strategien und Taktiken der Raubtiere.

Faultiere mögen keine taktisch-strategische Überlebens-Intelligenz haben. Die brauchen sie gar nicht, weil sie eine System-Intelligenz haben, wie sie klüger kaum sein kann.

Wir Menschen müssten mehr über System-Intelligenz nachdenken. Und das soll mit diesem Buch geschehen:
- Ist unser persönlicher Lebensstil intelligent?
- Sind unsere wirtschaftlichen Systeme intelligent?
- Sind unsere politischen Systeme intelligent?
- Sind unsere Kulturen und Religionen intelligent?
- Wie steht es mit der Intelligenz unserer Ethik?

Das sind die Grundfragen der Weltentwicklung. Die Evolution ist ein riesiges Versuchslabor auf der Suche nach Strategien und Strukturen, die Leben, Überleben und Gedeihen sichern.

Davon könnten wir Menschen sehr viel mehr lernen, als wir bisher gelernt haben. Das ist der Kerngedanke dieses Buches.

Es geht um die Evolution. Es geht um die Welt-Evolution.

Eine große Aufgabe. Aber sie ist die Kernaufgabe all derer, die Macht haben.

August 2009   *Manfred Sliwka*

»Willst du den Charakter eines Menschen erkennen,
so gib ihm Macht.«

Abraham Lincoln (1809–1865),
US-amerikanischer Präsident

Ihr Mächtigen,

Pythias, Auguren und Astrologen habt Ihr gebraucht, um zu begründen, warum Ihr Macht über andere Menschen habt.

Kassandras und Führungslehrer habt Ihr bemüht und Führungstheorien erfunden, um Eure Macht zu rechtfertigen. Die Spannweite reicht von Konfuzius bis zu Alfred Rappaport mit seiner Shareholder-Value-Theorie.

Was ist Macht? Wo kommt sie her? Was hat sie alles angerichtet?

Darüber möchte ich im ersten Brief mit Euch reden, damit Ihr seht, wie relativ Macht gedeutet und gehandhabt werden kann.

Und damit Ihr seht, dass die Frage bleibt: Wo nehmt Ihr Mächtigen Euer Recht, Euer Wissen und hoffentlich gelegentlich Eure Weisheit her, mit Eurer Macht umzugehen?

M. S.

1. Brief

Macht

Da habt Ihr ein Mädchen in Delphi auf einen Marmorblock, der quer über einer Erdspalte lag, gesetzt. Das Mädchen hieß Pythia. Aus der Erdspalte stiegen benebelnde Dämpfe auf. Pythia redete wirres Zeug.

Das habt Ihr als Zukunftsvoraussagen gedeutet – natürlich so, wie es Euch in den Kram passte. Ihr habt Euch Priester genannt, damit die Menschen glaubten, dass Ihr den Willen der Götter erkennen könnt.

So habt Ihr Macht über Menschen gewonnen und damit Gestaltungskraft für die Zukunft.

Ihr Mächtigen hattet immer eine blühende Phantasie, um den vermeintlichen Willen der Götter zu erkennen und daraus Macht zu gewinnen.

Ihr habt die verschiedensten Signale gedeutet: Himmelserscheinungen, Blitze, Vogelstimmen, den Vogelflug von Adler, Geier, Rabe und Specht. Sogar Hühner habt Ihr beim Fressen beobachtet, um daraus Zukunftsentwicklungen herauszulesen: die Auspizien im alten Rom.

Habt Ihr denn selbst an diese Zeichen geglaubt? Wohl eher nicht.

Denn da gibt es den Begriff vom »Augurenlächeln«. Das war jenes süffisante Lächeln, das einige Zuhörer auf den Lippen hatten, wenn sie Eure Deutungen hörten. Sie ahnten, auf was diese Deutungen hinauslaufen würden. Sie durchschauten Euer Spiel. Sie wussten, dass es ziemlich eloquente Rechtfertigungen für das waren, was Ihr ohnehin tun wolltet.

Nur: Das wolltet Ihr vermeintlich »höheren Mächten«
in die Schuhe schieben: den Göttern, dem Schicksal, der
Vorsehung. Ihr habt Euch als Erfüller eines außerirdischen
Willens dargestellt. Wer wollte da noch Eurer Macht wi-
dersprechen?

*

Dann kam der Aufstieg der Astrologen, die behaupteten,
die Zukunft aus den Sternen deuten zu können.

Friedrich II. von Hohenstaufen (1194–1250), die italie-
nischen Fürsten, die Päpste, der Herzog von Friedland Alb-
recht Wenzel Eusebius von Wallenstein (1583–1634): Alle
hatten ihren Hofastrologen.

Aber auch die Sternkonstellationen ließen Interpretati-
onsspielräume zu und gaben Euch Mächtigen eine wunderbare Begründung Eurer Misserfolge: Die Sterne haben
den Sieg nicht gewollt.

Mit der Deutung der Sternkonstellation zu spielen, das
ging noch bis zum Zweiten Weltkrieg. Der Schweizer Karl
Ernst Krafft war der Hofastrologe Hitlers.

Auch die Alliierten hatten ihren Astrologen, den deutschen Emigranten Louis de Wohl. Er arbeitete für den bri-
tischen Geheimdienst und machte den Briten weis, er kenne das Horoskop Hitlers. Er könne also voraussagen,
wann Hitler was plane.

Der britische Geheimdienst durchschaute jedoch sein
Spiel. Aber sie hatten eine Idee, wie man seine Voraussagen nutzen könne. Man schickte ihn 1941 in die Vereinigten Staaten. Er sollte den Amerikanern weismachen, dass
nach der Horoskop-Konstellation Hitlers Niedergang
schon eingeleitet wäre. Damit wollten sie den amerikanischen Kriegseintritt beschleunigen.

*

Auf diese Machtspielchen habt Ihr Mächtigen Euch eingelassen. Wem Ihr aber nicht zuhören wolltet, waren die Kassandras.

In der griechischen Mythologie war Kassandra die Tochter des Priamos. Apoll hatte sie mit der Gabe der Weissagung bedacht. Aber sie verschmähte seine Liebe. Er nahm Rache. Niemand sollte mehr ihren Weissagungen glauben. Sie warnte die Trojaner, das hölzerne Pferd in die Stadt zu ziehen. Aber die Trojaner hörten nicht auf sie. Später wurde sie ermordet.

*

Kassandras gab es viele in der Geschichte. Auch Thomas Malthus (1766–1834), ein englischer Sozialwissenschaftler, war eine »Kassandra«. Er hatte ausgerechnet, dass die Nahrungsmittelproduktion nicht mit dem Bevölkerungswachstum Schritt halten könne und prophezeite große Hungersnöte. Die sind nicht eingetreten.

Aber nicht Ihr Mächtigen habt das Problem gelöst. Die Lösung kam von dem Chemiker und Apotheker Justus Liebig (1803–1873). Er entdeckte das Minimumgesetz, nach dem sich das Wachstum jeder Pflanze nach dem Minimumfaktor richtet.

Damit wurde er zum Vater der künstlichen Düngung, mit der man den Minimumfaktor ergänzen konnte. Dadurch wurden viel größere Ernten erzielt. Malthus hatte mit seinen Kassandra-Rufen nicht Recht behalten.

*

Auch heute noch gibt es »Kassandras«. Dennis und Donella Meadows veröffentlichten 1972 das Buch »Die Grenzen des Wachstums«. Aber das Buch beunruhigte Euch Mächtige nicht allzu sehr.

Es waren rebellische junge Leute, die die Ökologie entdeckten. Die Bewegung der Grünen entstand. Und die fand Wähler. Die Grünen wurden zur politischen Macht und die Ökologie zu einem Wertfeld.

Dass der Rhein heute sauberer als noch vor Jahren ist und die Fischbestände sich vermehrt haben, dass unsere Fabriken weniger Schwefel ausstoßen, das verdanken wir jener Bewegung, die letztlich Dennis und Donella Meadows ausgelöst haben.

Hinzu kam die Entdeckung neuer Ressourcen, die zwar nicht durch den »Club of Rome« ausgelöst wurde, die aber mithalfen, dass die düsteren Prophezeiungen des »Club of Rome« so nicht eingetreten sind.

*

Ich nenne es das Kassandra-Paradox: Die Kassandras haben selten Recht behalten, aber sie hätten Recht behalten, wenn es sie nicht gegeben hätte.

*

Weil Ihr auf die Kassandras nicht hört, seid Ihr kräftig dabei, die Welt kaputt zu machen.

Zu den Kassandras zähle ich auch die Menschen, die mit Schildern auf der Straße demonstrieren und Krawall machen, wenn Ihr in feinen abgesicherten Hotels Eure G8- oder G20-Konferenzen abhaltet und Euch in einem großen Strandkorb fotografieren lasst: »Seht her, wir sind die Mächtigen dieser Erde!«

*

Habt Ihr denn nie etwas gelernt? Es gab doch Führungslehren und Führungslehrer – Konfuzius, Platon, Benedikt von

Nursia –, die darüber nachdachten, was Führung heißt und Führungsverantwortung und Führungsintelligenz.

Einer der ersten Führungslehrer war Konfuzius (551–479 v. Chr.). Sein höchstes Führungsziel war die harmonische Gesellschaft. Kaum eine Führungslehre wirkte so lange in der Geschichte. Von der Han-Dynastie (202 v. Chr. bis 220 n. Ch.) bis hin zum Ende des chinesischen Kaiserreiches 1912 war die konfuzianische Lehre die verbindliche Staatsdoktrin.

Konfuzius war ein umherziehender Fürstenberater. Er betrieb eine kleine »Führungsakademie«, wahrscheinlich die erste der Weltgeschichte. Er beschrieb das Idealverhalten eines tugendhaften Herrschers. Seine Führungsziele waren Harmonie in Familie und Staat, Menschenliebe, Gerechtigkeit und Ehrerbietung, Hochachtung vor der ererbten Tradition und literarische Bildung. Es war die Harmonie eines gefestigten Ständestaates.

Eine der höchsten Tugenden war bei Konfuzius die Lernfähigkeit.

*

Platon (427–347 v. Chr.) wollte, dass die weisesten Philosophen führen und herrschen sollten. Platon und sein Schüler Aristoteles (384–322 v. Chr.) waren Führungslehrer. Aber wie man Führungskräfte aussucht, wussten sie auch nicht.

Ein Philosoph unserer Zeit, Sir Karl Raimund Popper (1902–1994), packte die Platon-Frage »Wer hat das Recht zu führen?« auf seine Weise an: Man sollte ein System finden, wie man schlechte Herrscher möglichst schnell und möglichst unblutig wieder loswerden kann. Das ist das Verfahren einer gut funktionierenden Demokratie.

*

Eine ziemlich konsequente Führungslehre schrieb ein Mönch: Benedikt von Nursia (480–547). Es ist die »Regula Benedicti« (Regel des heiligen Benedikt). Die Ergebnisse dieser Führungslehre kann man heute noch besichtigen. Es sind die großen Klosteranlagen, die Dome, die Kirchen und die wirtschaftlich erfolgreichen Betriebe in Landwirtschaft, Fischereiwesen und Kultur – heute Zentren des Tourismus.

»Beten und arbeiten« (ora et labora) lautet die Kernformel der Benediktiner.

In vielen Managementbüchern unserer Zeit sind Führungstheorien aus der Benedikt-Regel übernommen worden. Große Unternehmen schulen noch heute ihre Führungskräfte mit Hilfe der Theorie des heiligen Benedikt.

*

Dann kam Niccolò Machiavelli (1469–1527). Er lehrte die Fürsten und Fürstenkinder, wie man Macht gewinnt und erhält – mit welchen Mitteln auch immer: mit Lug und Betrug, mit Angst und Mord. Machiavelli hielt von der Vorstellung, ein erfolgreicher Herrscher sollte christliche Tugenden haben, gar nichts.

Sein Buch »Il Principe« (Der Fürst) ist deshalb noch bis heute das Lieblingsbuch von Diktatoren. Es soll Mussolinis Lieblingslektüre gewesen sein, die von Hitler und von Saddam Hussein, dem Diktator vom Irak, der später gehenkt worden ist. Eine Machtpolitik, die sich nicht um sittliche Normen kümmert. Ich fürchte, es gibt auch heute noch genügend Bosse, die bei Machiavelli Begründungen für ihre Skrupellosigkeit suchen und finden.

*

Zur gleichen Zeit wie Machiavelli lebte der englische Staatsmann und Humanist Thomas Morus (1478–1535).

1516 beschrieb er in einem Buch den »idealen« Staat. Er nannte ihn Utopia.

Utopia heißt »Nirgendort«. Der Titel war prophetisch. Denn diesen Idealstaat gibt es heute, fast 500 Jahre später immer noch nicht.

*

Ihr Mächtigen in der Politik entwickelt auch heute noch Eure Utopias in Euren Parteiprogrammen.

Aber wenn Ihr dann regiert, regiert Ihr tagestaktisch mit blankem Opportunismus: Ihr wollt nichts als die Wahl gewinnen. In dem Kampf zwischen dem Utopia-Leitbild und dem Tagesopportunismus verliert in der Regel das Leitbild.

*

Die Mächtigen, die von einem Idealstaat träumten, richteten oft das größte Unheil in der Geschichte an.

Hitler träumte von einem »Tausendjährigen Reich«, das aber schon nach zwölf Jahren in einem schrecklichen Weltkrieg unterging.

Stalin träumte von einer Welt-Revolution, von der sozialistischen Gesellschaft, in der Freiheit, Gleichheit, Brüderlichkeit herrschen sollten. Aber: Für dieses Utopia wurden Millionen von Menschen geopfert. Sie verhungerten. Sie wurden hingerichtet. Sie mussten unter armseligen Bedingungen in Kohle- und Urangruben schuften. Sie sind in Sibirien in eisiger Kälte in Steinbrüchen erfroren oder vegetierten in armseligen Barackenlagern jahrelang dahin.

Am 9. November 1989 brach dieses Utopia mit dem Fall der Mauer in wenigen Stunden einer Nacht zusammen.

*

Als das Zeitalter der Industrialisierung begann (Gründerzeit), kamen zu den politischen Führungslehren wirtschaftliche Führungstheorien hinzu. Einiges davon hatte schon Benedikt von Nursia zur Führung eines Klosterbetriebes geschrieben.

Die Manager begannen dann, Carl von Clausewitz (1780–1831) zu lesen. Er war ein preußischer General und Militärtheoretiker und schrieb das Buch »Vom Kriege«.

Worin sich Strategie und Taktik unterscheiden, das haben viele Führungskräfte in der Wirtschaft bei Clausewitz gelernt. Er wird noch oft in der Managementliteratur zitiert.

*

Henry Ford (1863–1947) baute nicht nur Autos. Er und sein Berater Winslow Taylor (1856–1915) entwickelten auch eine Führungslehre: die Führungslehre der industriellen Massenproduktion.

Das Ziel dieser Führungslehre war, möglichst gute Produkte zu möglichst günstigsten Preisen zu produzieren. Dies erreichte er über die Installation von Fließbändern, über konsequente Arbeitsteilung und Rationalisierung.

Aber mit dieser Führungslehre wurde der Mensch auf Handgriffe reduziert: Wenn jeder seine Schraube dreht, kommt hinten ein Auto heraus.

*

Der Einzelmensch als Teilchen eines Systems, dem man nur zu folgen hat, das war dann die Basis des Führerprinzips als Führungslehre, das 1945 mit dem Ende des Zweiten Weltkriegs unterging.

*

Dann war plötzlich alles offen. Wie führt man in einer offenen Gesellschaft, die nicht mehr politisch gleichgeschaltet werden kann? Wie führt man in einer freiheitlichen Demokratie? Wie kann da Wohlstand entstehen? Braucht man zentrale Planung, oder kann man sich an Adam Smith orientieren, der von der »unsichtbaren Hand« sprach, indem sich die Erfolgsegoismen des Einzelnen in offenen und freien Märkten selbst regulieren? Dann gab es da noch die soziale Frage: Wie wollte man sicherstellen, dass in der Leistungsgesellschaft einer Marktwirtschaft nicht die Erfolgslosen notleiden und untergehen?

Aus diesem Spagat entstand das Konzept der Sozialen Marktwirtschaft, das von Alfred Müller-Armack und Ludwig Erhard entwickelt und auch politisch durchgesetzt wurde. Die Führungskraft und die Kreativität von klugen Unternehmern und ihren kreativen Mitarbeitern sollte sich möglichst frei entfalten im Wettbewerb um die bessere Marktleistung.

Aber es sollte ein soziales Netz und ein Sozialsystem gespannt werden mit Kinder- und Erziehungsgeld, Arbeitslosenversicherung, Wohngeld, Sozialhilfe – Instrumente, mit denen alle diese sozial notwendigen Ziele erreicht werden konnten, die der Wettbewerb der Unternehmen nicht leisten kann.

Diese Führungstheorie führte zu dem, was nachher die ganze Welt das »Wirtschaftswunder« nannte: der wirtschaftliche Aufstieg aus einem zerstörten Deutschland nach einem verlorenen Weltkrieg.

*

Doch dann erschien im Jahr 1986 das Buch von Alfred Rappaport »Shareholder Value«. Das war eine Führungsphilosophie, bei der sich der höchste Wert unternehmerischen Führungskönnens am Aktienwert messen sollte.

Es gab nur ein Führungsziel: den Kurswert der Aktie zu stabilisieren durch
- kurzfristige Steigerung des Börsenkurses und
- langfristige Optimierung der Wettbewerbsfähigkeit und die Profitabilität des Unternehmens.

Als dieses Konzept kam, jubelten die Bosse: Es gab nur noch ein sehr klares eindimensionales und vor allem messbares Ziel. Und als sich das dann noch mit einem üppigen Bonussystem für Manager verband, war der Siegeszug dieser Führungslehre nicht aufzuhalten.

Es führte sogar zur Gründung völlig neuartiger Unternehmen, denen das »Produkt« gleichgültig war. Hauptsache, man machte Rendite. Das waren »Hedgefonds« und »Private-Equity-Gesellschaften«. Die Gier nach Reichtum konnte sich voll ausleben.

Die Katastrophe, die diese monokausale Führungslehre angerichtet hat, haben wir jetzt: die Finanzkrise.

*

An diesen Beispielen einiger herrschender Führungslehren in der Geschichte und ihren Folgen zeigt sich: Jede Führungslehre wirkt viel weniger durch ihre Führungsmethoden und -rezepte. Sie wirkt über das »Wertfeld«, das sie aufbaut und in dem Ihr Mächtigen dann handelt.

Was die Führungslehren dann bewirkt oder angerichtet haben, das sieht man in der Geschichte: Dome und Moscheen, große Kunstwerke, Fabriken oder Ruinen. Datenfriedhöfe und Schienenstränge. Das alles sind Relikte von herrschenden Werten.

Herrschende Werte haben Unheil, Leid und Tote hinterlassen. Herrschende Wertfelder haben die Welt schöner und friedlicher gemacht.

Aber gibt es denn Werte, die universell sind? Oder sind

letztlich nicht alle Werte zeitbezogen und relativ? Gibt es ein universelles Wertesystem, das über dem Zeitgeist steht und das als Grundlage einer neuen Führungslehre gedacht werden kann?

Ja, das gibt es. Dieses Buch möchte zumindest die Diskussion darüber auslösen.

Es gibt einen universellen Prozess, der allumfassend wirkt: die Evolution – die Entwicklung des Lebens, die sich seit Jahrmilliarden bewährt hat, die naturwissenschaftlich erkannt, untersucht und interpretiert werden kann.

Es ist der Prozess, den Charles Darwin entdeckt hat. Der aber viel mehr erklärt als die Entstehung der Arten. Er erklärt **das Gedeihen des Lebens in Vielfalt und Fülle.**

Das ist der höchste Wert, dem Führung dienen kann.

Die Quintessenz

1. Erklärungen, Rechtfertigungen und Begründungen für Macht hat es viele in der Geschichte gegeben: phantasievolle, schlitzohrige und seriöse.
2. Die Mächtigen hatten ihre Führungslehren. Und wenigstens einige haben auf sie gehört. Eine der einflussreichsten war die Führungslehre von Machiavelli, weil sie einigen der grausamsten Herrscher eine (falsche) Begründung für ihre Skrupellosigkeit gab.
3. Alle diese Führungstheorien, -lehren und -erklärungen haben Führungsleitwerte gesetzt und damit Wertfelder geschaffen, in denen die Mächtigen handeln konnten. Wer die Wertehoheit hat, hat Macht.
4. Auch heute wirken Führungstheorien und beeinflussen das Handeln der Mächtigen, manchmal stärker als sie selbst es ahnen. So hat die Theorie des Alfred Rappaport des Shareholder Value bei den Wirtschaftsbossen eine Wirkung entfaltet, die mit zu den Ursachen der Finanzkrise 2008/2009 zählt.
5. Die Relikte und Reliquien von Führungskönnen und Führungsmacht sind in der Geschichte und in der Gegenwart zu besichtigen: Dome, Moscheen, Kunstwerke, aber auch Bunkerruinen und vor allem Soldatenfriedhöfe. Es sind die Folgen von Führungskönnen, Führungsversagen oder Führungsverbrechen.

»Noch nie hat sich eine von einem einzigen Manne
aufgestellte Lehre so wahr erwiesen, wie die
Abstammungslehre von Charles Darwin.«

Konrad Lorenz (1903–1989),
Verhaltensforscher und Nobelpreisträger

Ihr Mächtigen,

mit all Euern Führungstheorien, -methoden und -rezepten, mit all Euern Führungslehren und Managementschulen:

Habt Ihr eigentlich begriffen, dass es ein Großunternehmen gibt, bei dem man Führung lernen kann?

Bei diesem Unternehmen solltet Ihr endlich in die Lehre gehen.

Ihr könntet dabei lernen, wie man
- *Krisen meistert,*
- *mit den Ressourcen, die man hat, auskommt,*
- *mit Kreativität Probleme löst,*
- *erreicht, dass das Leben in Vielfalt und Fülle gedeiht.*

Es geht um das erfolgreichste Unternehmen der Welt, das sich aus kleinsten Anfängen, einer Urzelle, entwickelt hat.

M. S.

Evolution

Das Großunternehmen »Leben« ist das erfolgreichste Unternehmen der Welt. Es wurde vor ca. 3,5 Milliarden Jahren als »Ein-Mann-Betrieb« begründet. Denn es entstand aus einer einzigen Urzelle. Es gibt nur einen genetischen Code, den alle nachfolgenden Lebewesen geerbt haben.

Das Großunternehmen »Leben« hat sich immer vielfältiger und erfolgreicher in die Zukunft entwickelt. Dazu hat es weder Pythias noch Auspizien noch Astrologen noch Futurologen gebraucht und auch keine Fürstenlehrer oder Managementgurus.

Das Großunternehmen »Leben« hat seine Krisen immer grandios gemeistert. Es hat seine Ressourcen geschont. Es hat nur von dem gelebt, was nachhaltig regenerierbar war.

Das Großunternehmen »Leben« hat mit einer ungeheuren Kreativität immer neue »Produkte« entwickelt. Das sind die Arten. Es hat immer neue »Marktnischen« besetzt. Diese Kreativität müsste jeden Marketingmenschen unter Euch Mächtigen von heute höchst neidisch machen.

Das Großunternehmen »Leben« ist auch mit den unwirtlichsten Biotopen fertig geworden. Es hat »Filialen« begründet direkt in der Umgebung von heißen Quellen, tief unten im Meer. Es hat sich »Märkte« in den eisigsten Regionen der Arktis und der Antarktis erschlossen.

Das Großunternehmen »Leben« hat seinen »Umsatz«, seine »Rendite« und sein »Kapital« immer konsequent gesteigert. Die Bilanz ist gewaltig: ein ungeheures Gedeihen in einer riesigen Vielfalt und Fülle.

Wenn es vor 3,5 Milliarden Jahren schon Futurologen gegeben hätte: Keiner von ihnen hätte der Urzelle eine Überlebenschance prophezeit.

Denn die Ursuppe war ein elendes Gebräu. Sie war ein wüstes Gemisch aus aggressivsten Chemikalien. In diese Ursuppe hauten dann noch ständig elektrische Entladungen hinein: hochenergetische Blitze, die vom Himmel zuckten.

In dieser Ursuppe entwickelte sich dann ein armseliges Klümpchen, das sich aus langen Molekülketten gebildet hatte und »auf eigene Rechnung und Gefahr« überleben wollte.

Dieses Klümpchen bildete eine Haut, um sich von der Ursuppe abzugrenzen. Das war die Erfindung der Eigenverantwortung. Aber diese Haut war eine Membran. Sie war durchlässig. Das Klümpchen brauchte Nahrung aus der Ursuppe, um sich weiterentwickeln zu können.

Diese erste Urzelle begann schon bald, sich zu teilen und sich zu vermehren.

*

Der Student Stanley Miller war gerade mal 23 Jahre alt, als er im Jahre 1953 die Idee hatte, eine Art Ursuppe in einem Glaskolben selbst anzurühren. Er traktierte diesen Glaskolben mit der Ursuppe mit elektrischen Entladungen. Er wollte herausbekommen, ob es hätte möglich sein können, dass sich in einer solchen Ursuppe, in der die erste Urzelle entstand, Bausteine für organische Stoffe bilden würden. Und diese organischen Stoffe bildeten sich!

*

Die Naturwissenschaftler nennen heute die Entstehung der ersten Urzelle eine »Singularität«. Es war ein einmaliger

Vorgang, der nach aller Wahrscheinlichkeitsrechnung, die man heute anstellen kann, höchst unwahrscheinlich war.

Aber diese Urzelle ist entstanden. Sie begann sich zu teilen und zu vermehren. Und von dieser Urzelle stammt dann alles ab: die Pflanzen- und die Tierarten, wir Menschen – die riesige Vielfalt des Lebens.

Wenn man der ersten Urzelle hätte erzählen können, was einmal alles aus ihr werden würde, sie hätte – wenn sie es gekonnt hätte – einen schallend auslachen müssen. Keine Phantasie der Erde hätte sich das ausmalen können, was aus dieser armseligen kleinen schwachen Urzelle in dieser schauerlich wüsten Suppe in einem Tümpel einmal werden würde.

Diese Urzelle hat ein riesiges Versuchslabor entwickelt, um Strategien und Strukturen zu finden, die Überlebensfähigkeit des Lebens zu sichern.

Aus der Evolution ist zunächst einmal zu lernen, dass es einfach nicht stimmt, dass der Stärkste überlebt, sondern dass die Evolution ein riesiges Versuchslabor nach Überlebensstrategien ist, die von der aggressiven Raubtier-Strategie des Jaguars bis zu der friedlichen System-Intelligenz des großen Faultiers reicht.

Wir Menschen können entscheiden, wovon wir mehr lernen wollen.

Wenn die Evolution das Grundgesetz allen Werdens ist, dann haben wir Menschen die verdammte Aufgabe, bei ihr in die Lehre zu gehen. Wir können diesen Werdeprozess nicht außer Kraft setzen. Wir können ihn aufhalten, stören und zerstören. Damit zerstören wir dann unsere eigene Existenzgrundlage.

*

Faszinierend an dem großen Spiel des Lebens ist nicht nur die Vielfalt und Fülle der Arten. Faszinierend ist die Vielfalt und Fülle der Lebens- und Überlebensstrategien mit ihrer großen Spannweite vom Raubtier bis zum friedlichsten Faultier, das gemessen an der Zahl der Tiere, die auf einem Hektar leben können, erfolgreicher ist als das Raubtier.

Mit seiner Populationsdichte erfüllt das große Faultier ein Erfolgskriterium der Evolution besonders effektiv: die Weitergabe der Gene.

*

Die Kreativität des Lebens kann eine System-Kreativität sein. Das System verbessert sich in Variationen und Mutationen so, dass es überlebensfähiger wird. Damit verbessert sich die System-Intelligenz.

Die Kreativität kann aber auch eine taktische und strategische Kreativität in den Einzelhandlungen sein wie beim Raubtier, das seinen Angriff »plant«. Wobei ich die System-Kreativität als die höherwertige Kreativität einschätze, weil sie die Systeme dauerhaft und stabil verbessert.

Eine Idee kann taktischer Natur sein, das heißt Augenblicksvorteile bringen. Das Konzept wirkt langfristiger und stabilisiert. Eine Struktur ist ein System. Ist die Idee intelligent, bringt das oft unmittelbaren Nutzen. Ist das Konzept intelligent, nutzt es mittelfristig. Ist die Struktur intelligent, schafft das dauerhafte Stabilität.

Hat ein Politiker eine Raubtier-Intelligenz, versucht er in kleinen taktischen strategischen Einzelmaßnahmen seine Siege zu erringen. Hat er eine Faultier-Intelligenz, schafft er Systeme, die friedlich und effektiv ihre Ziele erreichen.

*

Es müssen heute keine Raubtier-Generäle mehr über Strategien nachdenken, wie man bei Verdun den Gegner besiegt, weil die Europäische Gemeinschaft ein friedliches

System geworden ist, in dem Schlachten, wie die von Verdun oder Langemark, nicht mehr möglich sind.

Die System-Intelligenz in einem Krieg tendiert auf Null. Hier herrscht Raubtier-Intelligenz auf beiden Seiten. Frieden setzt eine hohe Qualität der System-Intelligenz voraus.

*

Eine Struktur, die durch Macht verhärtet wurde und sich auf die »regulierende Katastrophe« zu bewegt, hat keine System-Intelligenz mehr. Sie wird dumm. Dummheit heißt, sie ist nicht mehr evolutionsfähig. Die »regulierende Katastrophe« ist absehbar.

*

Persönlichkeit ist das Ergebnis von System-Intelligenz. Wer sich kommunikativ und kooperativ in die Lebensentwicklung integriert und den evolutionären Weltentwicklungsprozess fördert, muss nicht Raubtier-Strategien entwickeln, um erfolgreich zu sein.

Der Manager, der sein Unternehmen als Nutzenbiet-System versteht, das mit seinen Leistungen und Produkten den Kunden besser dient als andere Wettbewerber, schafft ein intelligentes System mit einer stabilen Basis. Nicht der, der mit cleveren Finanztricks nur tagestaktisch und kurzfristig strategisch seine Gewinne erhöhen will.

Wie hoch ist die Nutzenbiet-Intelligenz eines Unternehmens? Das ist und bleibt die Gretchenfrage.

*

Manchen Politikern hat man das Aussitzen vorgeworfen als Nichtstun und Faulheit. Aber ist es nicht klug, die natürliche Entwicklung eines Systems abzuwarten und dann die Entscheidung zu fällen, wenn das System sie reif gemacht hat? Der System-Intelligenz ist oft mehr zu trauen als der tagestaktischen Eingebung.

*

Eine spannende Frage ist die nach der System-Intelligenz der Kulturen. Eine Kultur kann keinen Raubtier-Charakter haben, dann wäre sie keine Kultur. Kulturen müssen Ruhe und Stabilität und Gelassenheit schaffen, wenn sie in sich selbstsicher sind. Kulturen mit Feuer und Schwert zu verbreiten, mit heiligen Kriegen und Terrorismus, ist ein Widersinn in sich.

*

Die Frage nach Ursprung, Sinn und Ziel des Seins ist aus der Evolutionstheorie nicht zu beantworten. Die Evolutionstheorie kann nur Antwort geben auf die Frage nach der höchsten Ethik.

Diese Antwort kann nur lauten: das Gedeihen des Lebens in Vielfalt und Fülle zu fördern. Denn das ist das, was die Evolution »will«: Gedeihen in Vielfalt und Fülle.

*

Warum nehmt Ihr Mächtigen dieses Großunternehmen »Leben« nicht endlich zum Vorbild, wie man z. B. Krisen meistert!

Die dramatischste Krise war die Sauerstoffkrise. Blaualgen gehören zu den ältesten Lebewesen. Es sind Mikroorganismen, die unter Verwendung von Licht, Energie und Wasser assimilieren. Dabei setzen sie Sauerstoff frei. Dieser Sauerstoff löste für die Blaualgen eine große Krise aus, denn der war Gift für sie. Die Gaszusammensetzung der

Atmosphäre wurde entscheidend verändert. Die Atmosphäre reicherte sich mit zu viel Sauerstoff an. Dieser »giftige« Sauerstoff begann den ersten damaligen Lebewesen die Lebensgrundlage zu entziehen.

Aber das Großunternehmen »Leben« wurde kreativ. Durch Mutationen entstanden »Erfindungen«, die die oxidative Kraft hatten, die Sauerstoffmoleküle zu nutzen. Damit begannen überhaupt erst die große Vielfalt und der große Aufstieg des Lebens. Fast alle Lebewesen, die heute existieren, brauchen Sauerstoff. Sauerstoff ist die Lebensgrundlage der Lebensvielfalt.

Das Leben hatte aus der Krise gelernt.

*

Aber es gab noch weitere Krisen. Vor ca. 65 Millionen Jahren – so vermuten die Wissenschaftler – schlug ein riesiger Meteorit auf der Erde ein. Er löste eine Klimakatastrophe aus. Große Teile der Vegetation wurden zerstört. Damals lebten die Saurier: Riesenreptilien, die bis zu 40 Meter lang werden konnten. Sie beherrschten seit 200 Millionen Jahren die Erde – ehe dieser Meteorit einschlug.

Dinosaurier lebten auf dem Land, die Ichtyosaurier im Wasser, die Flugsaurier in der Luft. Saurier dominierten in allen drei Groß-Biotopen. Das Aussterben der Saurier war die Voraussetzung für die Entfaltung der Säugetiere. Damit begann der Weg zum Menschen. Ohne das Aussterben der Saurier wäre der kleine Affe nie zum Denken gekommen.

*

Und da gibt es ein zweites, was wir Menschen – vor allem Ihr Mächtigen – noch von dem Großunternehmen »Leben« lernen könntet und solltet. Es ist eine Lektion, die uns jeder Misthaufen erteilen kann: Alles ist verwertbar!

Unter den 1,5 Millionen Arten, die die Naturforscher bisher entdeckt, untersucht und benannt haben (sie sagen, es gäbe noch sehr viel mehr Arten), sind wir Menschen die einzige Art auf dieser Erde, die Müll hinterlässt.

Die Natur hat seit 3,5 Milliarden Jahren nie über ihre Verhältnisse gelebt. Erst wir Menschen haben begonnen, unsere Ressourcen zu plündern. Die Natur macht uns vor, wie aus Urin, Kot und Abfall wieder wertvoller Nährstoff wird, aus dem neues Leben wächst.

Wir könnten, wenn wir klug wären, von jedem Gartenkomposthaufen diese fundamentale Weisheit lernen.

Wir Menschen reden ständig von Recycling und Kreislaufwirtschaft. Aber die Müllberge wachsen. Vielleicht waren die Müllberge von Neapel überhaupt erst ein Anfang der Großvermüllung der Welt.

Aber es gibt nicht nur die Müllberge, die man vor Augen sieht und anfassen kann. Es gibt auch den Müll, den man nur riechen, schmecken oder hören kann. Und es gibt sogar Müll, den man weder riechen noch schmecken noch hören kann: z. B. Strahlung. Auch CO_2 ist menschlicher Müll, den unsere Autos und Fabriken auspusten. Aber der belästigt uns zunächst nicht. Und deshalb beunruhigt er uns auch nicht so, wie es notwendig wäre.

*

Aber wir werden es heimgezahlt bekommen mit Unwettern, mit Wirbelstürmen, mit Wassermassen und Blitzeinschlägen.

Aber was machen wir Menschen und vor allem Ihr Mächtigen? Wir wirtschaften lustig drauflos.

Ihr Mächtigen zankt Euch um politische Entscheidungen, die gegenüber den drohenden Katastrophen kleinkariert und harmlos sind.

Ihr Mächtigen habt immer noch nicht begriffen, dass

wir Menschen Teil des großen Werdeprozesses des Lebens sind. Und dass unsere Herausforderung darin besteht, diesen Werdeprozess nicht zu stören oder gar zu zerstören und uns damit selbst auszurotten.

Die Folgen Eurer sogenannten »Führungskunst« oder – sagen wir besser – bodenlosen Führungs-Dummheit sind die »regulierenden Katastrophen«. Katastrophen sind dann regulierend, wenn sie uns eine Einsicht vermitteln und uns schmerzlich und verlustreich zu einem Handeln hinführen, das uns mit Vernunft und Klugheit allein nicht gelungen ist.

Die größte »regulierende Katastrophe« wäre, wenn der Mensch sich selbst auszurotten beginnt. Das ist aber nicht auszuschließen.

Für die Menschheit wäre das der größte anzunehmende Unfall, der Super-GAU, aber für das Großunternehmen »Leben« ist diese Katastrophe belanglos. Es wäre sogar eine große, für das Leben wunderbare Regulation, wenn das Unternehmen »Leben« damit seine größte Bedrohung beseitigt hätte: uns, den Menschen.

*

Vielleicht würde sogar der unaufhaltsame Werdeprozess der Evolution in einigen Millionen Jahren wieder ein neues denkendes Wesen hervorbringen.

Vielleicht wäre das dann klüger, als wir es heute sind.

Die Quintessenz

1. Das Großunternehmen »Leben« ist das erfolgreichste Unternehmen der Welt. Es ist vor 3,5 Milliarden Jahren gegründet worden. Es hat seine Krisen gemeistert, seine Ressourcen geschont, immer neue »Produkte« (die Arten) entwickelt und immer neue »Marktnischen« besetzt. Es hat seine »Rendite«, sein »Kapital« immer gesteigert. Die Bilanz ist grandios: ein ungeheures Gedeihen in Vielfalt und großer Fülle.

2. Kein Futurologe – wenn es ihn gegeben hätte – hätte der ersten Urzelle in der wüsten Ursuppe eine Überlebenschance prognostiziert. Aber diese erste Urzelle hat überlebt. Sie hat sich sogar geteilt und vermehrt. Und alles, was heute lebt, stammt von ihr ab.

3. Das Großunternehmen »Leben« hat seine Krisen grandios gemeistert. Vor allem die Sauerstoffkrise, die überhaupt erst dazu führte, dass das Leben sich in dieser Fülle und Vielfalt entfalten konnte. Und die Meteoritenkrise, die die Saurier aussterben ließ und die Überlebenschance der Säugetiere so eröffnete, dass die Entwicklung zum Menschen hinführen konnte.

4. Das Großunternehmen »Leben« hat seine Ressourcen geschont. Es hat nur von dem gelebt, was nachhaltig erneuerbar war. Der Mensch ist das einzige Lebewesen, das Müll hinterlässt und bis jetzt noch nicht in der Lage ist, sein Ressourcenproblem zu meistern.

5. Ihr Mächtigen könnt noch so viele Pythias, Propheten, Kassandras und Futurologen beschäftigen, noch so viele Führungstheorien entwickeln und Managementberater einstellen. Wenn Ihr nicht begreift, dass es nur ein Vorbild für Eure Führungskunst gibt, das Großunternehmen »Leben«, wird Euch das nichts nutzen. Ihr werdet Katastrophe um Katastrophe produzieren und in einem furiosen Untergang enden.

»Licht wird auch fallen auf den Menschen
und seine Geschichte.«

Charles Darwin (1809–1882),
englischer Naturwissenschaftler

Ihr Mächtigen,

zunächst sah man in Darwins Theorie nur eine biologische Erklärung für die Entstehung der Arten – eine rein biologische Theorie.

Doch schnell erkannten die Biologen ihre Brisanz: Was war denn dann mit der Schöpfungsgeschichte?

Und wie war das mit politischen und gesellschaftlichen Entwicklungsprozessen? Da gab es dann schnell den Begriff vom Sozialdarwinismus.

Hat die Evolution auch etwas mit Macht zu tun? Warum kämpfen heute konservative Fundamentalisten vor allem in Amerika so verzweifelt gegen die Evolutionstheorie an? Weil immer deutlicher wurde: Es ist mehr als eine biologische Theorie.

Man weiß heute: Die Materie ist evolutionär entstanden. Die Astronomen reden von der kosmischen Evolution. Es gibt eine präbiotische Evolution, die zum Leben hinführte.

Die Entwicklung unseres Verhaltens ist evolutionär.

Die Philosophen sagen, dass unsere Ideen, Theorien und Hypothesen evolutionär entstehen und vergehen.

Ist die Evolution die »Gesamterklärung des Wirklichen«, wie sogar schon ein katholischer Papst vermutete, als er noch Kardinal war: Joseph Ratzinger?

Wenn das so ist, dann hätte das Konsequenzen für Euch Mächtige im Umgang mit Eurer Macht.

M. S.

3. Brief

Darwin

Zunächst war das, was Charles Darwin in seinem Buch »Die Entstehung der Arten« schrieb, nur eine biologische Theorie. Sie konnte erklären,
- warum die Finken verschiedene Schnäbel haben,
- warum die Vielfalt der Arten entstanden ist,
- wie sich die Lebewesen ihren Biotopen angepasst haben,
- wie das Leben auf geologische Veränderungen reagiert hat,
- und mit welcher Fülle von Überlebensstrategien das Leben seine Existenz gemeistert hat.

Aber war das nicht nur etwas für Biologie-Professoren, für Biologie-Lehrer?

Einige von Euch erkannten schnell, dass es um sehr viel mehr geht. Die Ersten, die sich bedroht sahen, waren die Mächtigen der Religionen.

*

Einige Zeit nachdem das Darwin-Buch »Die Entstehung der Arten« erschienen war, kam es in der Bibliothek des Naturwissenschaftlichen Museums in Oxford zu einer großen Diskussion über die Evolutionstheorie.

Es waren etwa tausend Zuhörer da. Darwin selbst war nicht erschienen. Er hatte seinen Freund Thomas Henry Huxley vorgeschickt, um seine Position zu vertreten.

Es kam dann zu diesem Dialog: Der Bischof von Oxford, Samuel Wilberforce, fragte Thomas Henry Huxley, ob denn dann seine Großmutter und sein Großvater mit einem Affen verwandt seien? Huxley war nicht auf den Mund gefallen. Er antwortete, er habe lieber einen Affen zum Großvater als einen Mann, der eine ernsthafte wissenschaftliche Diskussion ins Lächerliche ziehen wolle: »Lieber Affe als Pfaffe.«

Darwin hatte schon geahnt, welche Konsequenzen seine Theorie haben würde, um die Abstammung des Menschen zu erklären. Er hatte aber zunächst nicht den Mut zu erklären, wie der Mensch entstanden sein könnte. Sollte er vom Affen abstammen? Auf der drittletzten Seite seines Buches »Die Entstehung der Arten« wagte er nur einen ganz vorsichtigen Satz: »Licht wird auch fallen auf den Menschen und seine Geschichte.«

*

Wie die Fülle der Arten hätte entstanden sein können, dazu entwickelte der Franzose Jean-Baptiste Lamarck (1744–1829) eine Theorie. Er hatte richtig erkannt, dass die Fülle der Arten das Ergebnis eines Millionen von Jahren dauernden Entwicklungsprozesses war.

Aber er glaubte an die Vererbung erworbener Eigenschaften. Und das allein – so stellte sich heraus – konnte nicht die Erklärung für Veränderungen sein. Er sprach nicht von der Evolution, sondern von der Transformation.

*

Doch dann kamen Charles Darwin (1809–1882) und Alfred Russel Wallace (1812–1913). Sie hatten etwa zur gleichen Zeit die gleiche Idee, die Entstehung der Arten durch Variation und Selektion zu erklären.

Darwins Buch »Die Entstehung der Arten« erschien 1859. Das war damals für die gelehrte Welt eine Sensation. Für viele aber auch ein Schock.

Seither haben die Forschungen über die Entwicklung des Lebens Darwin immer nur bestätigt. Seit der Entschlüsselung des genetischen Codes kann niemand mehr ernsthaft bezweifeln, dass das Leben sich aus einer Urzelle entwickelt hat. Denn es gibt nur einen einzigen genetischen Code für Pflanze, Tier und Mensch, der dann unterschiedliche DNS-Sequenzen hat.

*

Das alles stand im Widerspruch zu der Schöpfungsgeschichte der Bibel: »Am Anfang schuf Gott Himmel und Erde.« Die Geschichte endet: »Und Gott sah alles an, was er gemacht hatte. Und siehe da, es war gut.«

Warum sollte etwas, das gut war, sich verändern? Was konnte man da noch besser machen?

*

Das Thema ist nicht ausgestanden. Warum sind es heute nach 150 Jahren oft wohlhabende konservative Kreise, die die Evolutionstheorie heftig bekämpfen?

Sie führen Prozesse, damit die Evolutionstheorie an den Schulen nicht mehr gelehrt wird. Sie bauen Museen, um die Schöpfungsgeschichte darzustellen, wie sie die Bibel beschreibt. Sie vertreiben Bücher und Schriften.

Alles nur, um eine biologische Theorie zu bekämpfen? Nein. Sie spüren, es geht um sehr viel mehr.

Man kann den Verdacht haben, dass diese konservativen Kreise Entwicklungen nicht wollen. Sie sind ja oben. Ahnen sie, dass auch soziale Entwicklungsprozesse evolutionären Veränderungen unterworfen sind, die den Etablierten nicht passen? Sie glauben lieber an den Satz: »Und Gott sah, dass es gut war.« Für sie ist es ja gut.

Aber was ist mit den Armen, den Unterdrückten dieser Erde? Was ist mit denen, die keine Chance der Entwicklung haben? Glauben die auch, dass es so, wie es heute ist, gut ist und so bleiben muss?

Da schreit die Welt doch nach Veränderungen, die zum Gedeihen des Lebens in Vielfalt und Fülle führen. Aber den Schrei hört Ihr nicht.

*

Einige von Euch Mächtigen haben auf die Evolutionstheorie ganz anders reagiert. Es gibt den Satz von Herbert Spencer (1820–1903), der später von Darwin übernommen wurde: »The survival of the fittest«.

Den übersetzte ein deutscher Professor, Ernst Haeckel (1834–1919), in Jena in »Der Stärkste überlebt«. Damals hat er vielen von Euch Mächtigen einen großen Gefallen getan. Hatten sie doch endlich eine Theorie, ihre Grausamkeiten zu begründen. Die Entwicklung des Lebens wurde als ein gnadenloser Kampf ums Dasein ausgelegt.

Die grausamste Folge, aus der Darwin-Lehre eine politische Theorie zu machen, war die Selektion in Auschwitz auf der Rampe. Man übernahm sogar das Wort Selektion aus der Sprachwelt der Evolutionstheorie.

*

Aber stimmt es denn, dass der Stärkste überlebt? Dann müsste die Welt doch von dem starken stacheligen kakifarbigen giftigen Stinktier beherrscht werden, wie der amerikanische Biologe Stephan Lackner schrieb.

Warum sind die Ameisen und die Bakterien eine so erfolgreiche Art?

Man kann unbesorgt jede Wette eingehen, dass der vermeintlich starke Löwe eher ausgestorben sein wird als die 150 000 bis 250 000 Schmetterlingsarten, die – so schätzen die Biologen – auf der Welt leben. Man kann doch unbesorgt wetten, dass der vermeintlich starke Mammutbaum eher ausgestorben sein wird als die ca. 35 000 Orchideenarten, die man in der Natur findet. Sind die stark?

Dann machten Management-Gurus daraus die Formel: Der Schnellste überlebt. Es gibt 75 000 Schneckenarten – eine ungeheuer erfolgreiche Spezies. Die sind weder stark noch schnell. Und dass wir vermeintlich starken Menschen die kleinen schwachen Bakterien überleben, ist auch noch nicht ausgemacht.

Wer das nicht glaubt, dem empfehle ich ein Gespräch mit einem Pharmaforscher. Der kann ein Lied von der Kreativität der Bakterien singen, die resistent werden gegenüber seinen Antibiotika.

Die Natur hat den Kleinen, den Schwachen, den Minderheiten sehr viele Schutzmechanismen mitgegeben, damit sie überleben können. Jeder Keim ist schwach. In jedem Keim aber liegt die ungeheure Kraft des Werdens. Alle Zukunftsentwicklungen beginnen mit Keimen.

Warum schützen starke Mütter ihre schwachen Kinder? Warum löst das Kindchenschema, wie die Verhaltensforscher sagen, bei den Menschen Schutzmechanismen aus? Es geht immer um die Weitergabe der Gene.

*

Als die Evolutionstheorie da war, jubelten die Atheisten: »Gott sei Dank, jetzt brauchen wir keinen Gott mehr. Jetzt kann man das Werden des Lebens ohne Gott erklären.«

Aber auch da pickten sie sich aus der Evolutionstheorie nur das heraus, was ihnen in den Kram passte, um für ihren »Glauben« eine Begründung zu haben.

Auch Atheismus ist Glaube. Der »Beweis«, dass es keinen Gott gibt, ist genauso wenig anzutreten wie der Beweis, dass es Gott gibt.

Wo man keine Beweise hat, kann man nach Plausibilitäten fragen. Und die Evolutionstheorie lässt nach dem heutigen Stand zwei große Fragen offen:

1. Wie kam es zum Urknall, zu jener Singularität, zu jenem Augenblick, als plötzlich aus dem Nichts etwas wurde? Wer oder was war der Auslöser?
2. Da gibt es das Rätsel der Naturkonstanten. Es gibt in dem ganzen evolutionären Prozess ein paar Basisdaten, die sich nie verändert haben. Die Naturwissenschaftler nennen sie Naturkonstanten. Das ist zum Beispiel die Lichtgeschwindigkeit. Das ist die Gravitation. Das ist die Plancksche Konstante und die Hubble-Konstante. Das Leben, so wie wir es erleben, konnte nur entstehen, weil diese Konstanten so gesetzt waren, wie sie gesetzt sind. Die Naturwissenschaftler sind sich sicher, dass schon eine winzig kleine Veränderung an einer dieser Naturkonstanten den Evolutionsprozess – so wie er stattgefunden hat – verhindert hätte.

Der Münchner Physiker Franke schrieb in der »Naturwissenschaftlichen Rundschau«: »Wir kennen das Programm. Aber wer ist der Programmierer?«

Alle diese Beispiele zeigen: Man muss sich hüten, aus der Evolutionstheorie das herauszupicken, was die eigene Ideologie vermeintlich bestätigt.

*

Wir können im Grunde heute 150 Jahre nach Erscheinen des Buches »Die Entstehung der Arten« konstatieren: Die Reichweite der Evolutionstheorie geht weit über das Biologische hinaus. Sie hat sich immer mehr »verlängert«.

Die Naturwissenschaftler wissen heute, dass auch Materie und unbelebte Strukturen sich nach dem Urknall aus einigen Urteilchen evolutionär entwickelt haben.

Die Astronomen sprechen von der kosmischen Evolution, die zu den Galaxien, den Sonnensystemen, den Planeten hingeführt hat. Bevor die erste Urzelle entstand, gab es eine präbiotische Evolution, durch die sich organische Stoffe und lange Molekülketten bildeten – die Voraussetzung dafür, dass sich eine Urzelle bilden konnte.

Die Entstehung der Arten in dieser Vielfalt und Fülle aus der ersten Urzelle erklärte dann Darwin.

Dann kamen die Verhaltensforscher. Die haben nachgewiesen, dass unser Verhalten evolutionär entstanden ist und sich auch evolutionär weiterentwickelt.

Die Philosophen, vor allem Karl Raimund Popper (1902–1994), haben uns gesagt, dass die Theorien, Hypothesen und Rezepte, die wir Menschen entwickeln, sich evolutionär entwickelt haben und sich evolutionär weiterentwickeln. Sie sind in ständiger Veränderung. Sie können auch aussterben. Es gibt eine kulturelle Evolution.

Der Wirtschaftsnobelpreisträger Friedrich August von Hayek sieht Wirtschaftsentwicklung als einen evolutionären Prozess.

*

Das Ganze gipfelt in der Aussage eines Menschen, den niemand verdächtigen kann, ein Biologist oder gar ein Darwinist zu sein. Joseph Kardinal Ratzinger, heute Papst Benedikt XVI., schrieb am 8. Januar 2000 in einem Aufsatz in der »Frankfurter Allgemeinen Zeitung«, er vermute, dass sich die Evolutionstheorie zur Grundlage einer »philosophia universalis« ausweite, zu einer »Gesamterklärung des Wirklichen«.

*

Wenn das so ist, und das ist die Kernthese dieses Buches, dann hat das erhebliche Konsequenzen für Euch Mächtige, die Ihr Führungsverantwortung habt.

Dann wird die Evolutionstheorie zur geistigen Grundlage einer neuen Führungstheorie: **Führung ist Evolutionsauftrag.** Dann sind Führungs-Dummheit und Führungsverantwortungslosigkeit, diesen evolutionären Prozess zu stören und zu zerstören. Dann sind Führungsintelligenz und Führungsverantwortung Führung im Einklang mit dem großen evolutionären Prozess auf der Suche nach dem Gedeihen des Lebens in Vielfalt und Fülle.

*

Wenn die Evolution der universelle Prozess ist, dann ist er nicht aufzuhalten. Dann könnt auch Ihr Mächtigen ihn nicht aufhalten, weil er Eure Macht bedroht.

Dann wäre es gescheiter, bei der Evolution in die Lehre zu gehen. Die Evolution würde euch lehren, dass es viel klüger ist, sich zum Träger oder Organ des evolutionären Prozesses zu machen, als ihn verhindern zu wollen.

Das Leben zahlt heim. Wenn es sein muss mit »regulierenden Katastrophen«, über die wir noch reden werden.

Die Quintessenz

1. Charles Darwin veröffentlichte 1859 eine Erklärung über die Entstehung der Arten: eine rein biologische Theorie.
2. Man erkannte schnell die Brisanz dieser Theorie, vor allem für die Religion. Was war dann mit der Schöpfungsgeschichte?
3. Man ahnte auch schnell, dass die Evolutionstheorie Konsequenzen für die Erklärung sozialer Prozesse hatte. Man sprach vom Sozialdarwinismus und übersetzte »Der Stärkste überlebt«, was sich als Fehlübersetzung herausstellte.
4. Heute weiß man, dass die Evolutionstheorie mehr erklärt als die Entstehung der Arten. Es gibt eine kosmische Evolution, eine Evolution der Materie, eine präbiotische Evolution, auch die Wirtschaft entwickelt sich evolutionär. Die Philosophen wissen, dass unsere Ideen, Konzepte und Strukturen Ergebnis eines geistigen evolutionären Prozesses sind.
5. Das spitzt sich zu zu der Vermutung, dass die Evolutionstheorie die »Gesamterklärung alles Wirklichen« ist, die Grundlage einer »philosophia universalis« zu sein scheint, also das universelle Erklärungsgesetz für alles, was ist.

»Wir nehmen die irdischen Wunder für so natürlich hin,
dass uns die einfachsten nicht mehr auffallen, geschweige
denn ihre Vielfalt.«

Samy Molcho (*1936),
österreichischer Pantomime

Ihr Mächtigen,

die Evolution hat kein Ziel – so sagen die Evolutionsforscher. Aber sie hat ein nach 3,5 Milliarden Jahren Lebensentwicklung erkennbares Ergebnis: Sie hat eine ungeheure Fülle von Arten und Individuen hervorgebracht. Jede dieser Arten hat ihre eigene Individualität und ihr eigenes Überlebenskonzept.

Das Leben will gedeihen in Vielfalt und Fülle.

Und hier liegt der Grundwiderspruch zum Denken vieler von Euch Mächtigen. Wollt Ihr Vielfalt? Oder wollt Ihr vereinheitlichen, gleichschalten und erreichen, dass alle nach Eurer Pfeife tanzen?

Ihr habt Euch aus dem riesigen Strategielabor der Evolution die Strategien als Vorbild herausgesucht, mit denen Ihr Eure Macht begründen könnt bis hin, das schreckliche Geschehen der Selektion in Auschwitz auf der Rampe evolutionstheoretisch zu begründen.

M. S.

4. Brief

Vielfalt

Die Evolution habe kein Ziel – so sagen die Evolutionsforscher. Es gäbe keinen Masterplan, keinen »Businessplan«. Die Evolution sei ein Spiel von Zufall und Notwendigkeit, wie der französische Evolutionsforscher Jacques Monod das ausgedrückt hat.

Er hat Recht. Es gibt keinen Evolutionsplan. Aber: Es gibt ein nach 3,5 Milliarden Jahren Arbeit erkennbares Ergebnis.

Und das kann man auf eine Formel bringen:
Das Gedeihen des Lebens in Vielfalt und Fülle.

*

Das Leben will Vielfalt. Die Naturwissenschaftler haben bisher ca. 1,5 Millionen Arten entdeckt und ihnen Namen gegeben.

Aber sie sind sich sicher, dass das noch lange nicht alles ist. Es gibt Schätzungen, dass es bis zu einhundert Millionen Arten auf der Erde geben könnte.

Was die Naturwissenschaftler bisher kennen, sind
- 950 000 verschiedene Insektenarten,
- 270 000 höhere Pflanzenarten,
- 25 000 Fischarten,
- 9950 Vogelarten,
- 7400 Reptilienarten,
- 4950 Amphibienarten,
- 4630 Säugetierarten – und zu denen gehört der Mensch.

– Hinzu kommen die Gruppen der Kleinstlebewesen, wie
z. B. Viren und Bakterien.

*

Welche Formenvielfalt und Farbenpracht steckt hinter diesen trockenen Zahlen und welche ungeheure Überlebenskreativität! Keine menschliche Phantasie hätte ausgereicht, die Fülle der Blütenpflanzen zu »erfinden«, die sich entfaltet hat.

Kein Chemiker hätte die Fülle der Düfte entwickeln können, die diesen Blüten entströmt.

Können wir noch staunen über die Nachtigallen mit ihrem betörenden Gesang? Oder über die Lerchen, die morgens in den Himmel trällern?

*

Die Natur wollte also Vielfalt. Viele von Euch Mächtigen haben immer davon geträumt – und einige träumen immer noch davon –, mit »Macht« alles gleichschalten zu können. Alle sollen so leben, wie Ihr es für richtig haltet. Alle sollen das gleiche glauben. Alle sollen sich Euren Vorstellungen fügen, wie man zu leben habe.

Ihr habt nicht begriffen, dass das Leben nicht Einheit und schon gar nicht Einfalt, sondern Vielheit und Vielfalt will.

*

Das Leben will Fülle: In einem Quadratmeter europäischen Wiesenbodens, den man 30 Zentimeter tief aushebt, leben 9,2 Millionen Tiere, angefangen von den Asseln bis zu den Fadenwürmern (Nematoden).

Auf einem Hektar Wiese leben bis zu 7,2 Millionen Regenwürmer. Die Fülle des Lebens in den Kronen der Bäume des Regenwaldes haben die Biologen immer noch nicht ganz erfasst. Sie ist ungeheuer groß.

*

Und das Leben »luxuriert«. So nannte das der große Baseler Biologe Adolf Portmann. Das Leben leistet sich Luxus in Formen und Farben. Auch Formen und Farben, die nicht direkt einen Überlebensvorteil bringen. Sie überleben aber dann, wenn diese Formen und Farben die Überlebenschancen nicht schädigen. Nur dadurch ist die Natur so schön, so bunt, so vielfältig geworden.

*

Die Evolution liefert keine Massenprodukte. Sie will keine Massenprodukte. Keine zwei Individuen in der Natur sind gleich.

Die Natur vermehrt nicht nur die Mengen, wie wir das z. B. mit unserer industriellen Produktion machen, sie passt jedes Lebewesen in einer raffinierten Feinanpassung an die jeweiligen Lebensbedingungen an.

*

Entfaltung in Vielfalt und Differenzierung ist also die Methode der Evolution. Dann ist aber Gleichmacherei und Vereinheitlichung evolutionäre Unnatur. Jedes Individuum ist einmalig. Das gilt auch für die Differenzierung der Verhaltensweisen und Lebensstile. Jeder passt sich in seiner individuellen Nische ein und entwickelt seine eigene Überlebensstrategie.

*

Hier liegt die evolutionäre Begründung der Charta der Menschenrechte und des ersten Satzes in unserer Verfassung: »Die Würde des Menschen ist unantastbar.«

Und hier liegt die Forderung an die Schulen, jeden einzelnen Schüler sich in seiner Begabung entfalten zu lassen und zu fördern. Jede Beurteilung nach einer einheitlichen Bewertungsskala ist Unnatur.

Und hier liegt die evolutionäre Begründung, warum alle Ideologien, die die Menschen im Sinne des vermeintlich »großen Ganzen« gleichschalten und vereinheitlichen wollen, bisher in der Geschichte der Menschheit immer gescheitert sind – meist sogar höchst blutig.

*

Wäre das dann der »kategorische Imperativ des Handelns«, der sich aus der Evolution ableiten lässt? Der dann auch zur Richtschnur für das Handeln von Euch Mächtigen werden müsste: das Gedeihen des Lebens in Vielfalt und Fülle zu fördern?

*

Das ist so eine Sache mit den Moralgesetzen und den Tugenden, die man der Menschheit verordnet.

Ich bin nicht naiv gläubig genug, um an die Geschichte von dem brennenden Dornbusch zu glauben, aus dem Gott Moses die Urfassung aller Moral, die zehn Gebote, gereicht haben soll.

Aber Moses war ein kluger Mann. Er brauchte eine Legende seiner Kompetenz, wenn die Menschen fragen: »Wieso hast du das Recht uns Regeln zu geben? Bist du denn klüger als wir?«

Das war der Grund, warum man das Gottesgnadentum erfunden hat.

Der schlimmste »kategorische Imperativ« waren jene zwei Worte, mit denen man Menschen auf die Kreuzzüge schickte: »Deus vult!« (Gott will es!) Dagegen war kein Widerspruch mehr möglich.

Nun habe ich den Begriff des kategorischen Imperativs genannt, ohne Immanuel Kant (1724–1804) zu zitieren: »Handle so, dass die Maxime deines Handelns jederzeit zugleich als Prinzip einer allgemeinen Gesetzgebung gelten könne.«

Das ist ein Sittengesetz, das auch mit dem kategorischen Imperativ, den ich aus der Evolution ableite, kompatibel ist: Handle so, dass du mit all deinen Handlungen das Gedeihen des Lebens in Fülle und Vielfalt förderst.

In dem Begriff der Vielfalt liegt das Lebens- und Entfaltungsrecht des Kleinen, des Schwachen, der Minderheit. In dem Begriff der Fülle liegt die Begründung für Albert Schweitzers Formel »Ehrfurcht vor dem Leben«.

*

Auch mit den »Tugenden« habe ich meine Probleme. Waren das, was die Mächtigen der Moral als Tugenden verkündet haben, manchmal nicht Eigenschaften, um Menschen für ihre Ziele gefügig zu machen?

Da gibt es die berühmten vier Kardinaltugenden: Weisheit, Tapferkeit, Besonnenheit und Gerechtigkeit.

Aber sind nicht auch große Verbrechen mit großer Tapferkeit begangen worden? Auch Hitler predigte die Tugend der Tapferkeit.

Wie viele Gangster unserer Zeit und große Wirtschaftsverbrecher bereiten ihre Taten mit großer Besonnenheit vor.

Und was ist Gerechtigkeit?

*

Mit den Primärtugenden ist es ähnlich wie mit den Sekundärtugenden wie Fleiß, Disziplin und Dienstbereitschaft. Sie werden von Euch Mächtigen zu Tugenden erklärt, weil man sich damit »treue« Diener erzieht.

Alle diese Begriffe sagen nichts aus über die Ziele, für die sie nachher eingesetzt werden. Das sind für mich alles funktionale Tugenden.

Es bleibt eine Tugend, die ich für die wichtigste halte: die Fähigkeit, noch staunen zu können über das große Spiel des Lebens. Könnt Ihr Mächtigen noch staunen über das Spiel, das das Leben spielt, oder seid Ihr banal und oberflächlich geworden?

*

Erschöpft Euch Eure Emotionalität in dem naiven Stolz auf das, was Ihr jeweils »Erfolg« nennt: den Quartalsbericht, den Bilanzgewinn, Euren persönlichen Bonus, den Ihr über Euer schon hohes Gehalt hinaus kassiert?

Bei den Generälen ist es die gewonnene Schlacht. An die vielen Toten, die sie gekostet hat, denkt ihr nicht. Ihr kennt nicht das Elend der Witwen und Waisen. Nicht das zerstörte Leben derer, die in Euren Schlachten zu Krüppeln geschossen wurden.

Bei den Politikern ist es die gewonnene Wahl: Dann werden wir schon weitersehen.

Bei manchen Religionsmächtigen ist es ihr großer Traum vom unterwürfigen Gehorsam und naivem unreflektiertem Glauben derer, die in Eurer Glaubensgemeinschaft leben.

*

Aber wer nicht staunen kann, fühlt auch keine Verantwortung. Wenn Ihr Mächtigen doch nur ein bisschen von dem hättet, was Immanuel Kant empfunden hat: »Zwei Dinge erfüllen das Gemüt mit immer neuer und zunehmender Bewunderung und Ehrfurcht, je öfter und anhaltender sich das Nachdenken damit beschäftigt: der bestirnte Himmel über mir und das moralische Gesetz in mir.«

Wer von Euch Mächtigen kann noch die Farbenpracht eines Sonnenuntergangs aus voller Seele erleben und genießen? Oder die Düfte einer Sommerwiese? Oder an einem kalten Spätherbsthimmel den Kranichzug, der nach Süden zieht? Oder Kinder, wenn sie glücklich spielen, wenn sie kreischen vor Lebenslust und sprudeln vor Ideen, was man noch alles anstellen könnte?

Mir ist immer angst und bange, und es schaudern mich jene Menschen, die die Macht haben, das Leben von anderen zu manipulieren und die das große Wunder des Lebens und der Schöpfung nicht mehr empfinden können.

*

Es war im Jahr 1956. Ich war Student der Wirtschaftswissenschaften in Nürnberg und hörte eine Vorlesung des Begründers eines der größten Marktforschungsinstitute, das wir heute in Deutschland haben, der Gesellschaft für Konsumforschung: Wilhelm Vershofen.

Er sagte einen seltsamen Satz, den ich damals überhaupt nicht verstand: »Wenn ich heute noch einmal anfangen könnte zu studieren, würde ich zunächst nicht Wirtschaftswissenschaft studieren, sondern Biologie. Ich bin mir sicher, dass die Wirtschaftswissenschaften viel stärker als bisher auf die Psychologie aufbauen müssen und die Psychologie ihrerseits auf die Biologie.«

Wir Doktoranden der Wirtschaftswissenschaften sahen ihn entgeistert an.

Dieser Satz ist mir nie mehr aus dem Kopf gegangen. Später habe ich begriffen, was er uns sagen wollte: Auch

Wirtschaft und Wirtschaftsführung ist Verantwortung für das Leben und sein Gedeihen. Wirtschaftssysteme sind lebendige Systeme. Sie reagieren nicht wie Megamaschinen. Genau deshalb können Führungskräfte bei der »Lehre vom Leben«, der Biologie und der Evolution in die Lehre gehen.

Die Entwicklung von Systemen in Wirtschaft und Gesellschaft ist immer Teil des großen evolutionären Prozesses.

Meine Arbeit in der Beratung von Unternehmen hat mir zunehmend gezeigt, dass Unternehmensentwicklung nicht technokratisch berechenbar ist. Das hat mich bewogen, mich intensiv mit der Evolutionstheorie und der Evolutionären Erkenntnistheorie zu beschäftigen.

Die Kernformel, die ich dabei fand, stammt von dem Nobelpreisträger und Verhaltensforscher Konrad Lorenz: »Leben ist Erkenntnis- und Ertragsgewinn in Rückkopplung.

*

Das heißt für jeden, der Macht hat: Das Leben wird klüger und reicher in einem sich selbst verstärkenden Prozess. Das Leben will nicht nur in Menge wachsen, sondern auch in Erkenntnis. Es wächst nicht nur in Fülle, sondern es wächst auch in der Vielfalt.

Hier liegt der Grundwiderspruch zu den Denkweisen vieler Mächtiger dieser Erde. Sie wollen mit ihrer Macht gleichschalten, gleichmachen, vereinheitlichen. Einige von ihnen haben vom Gleichschritt der Massen geträumt, wie Leni Riefenstahl in dem Film »Triumph des Willens« höchst makaber vorgeführt hat.

Macht ist Norm. Norm ist Macht. Euer Traum ist der normierte Mensch, der möglichst im Gleichschritt nach Eurer Pfeife tanzt. »Spielräume« des Denkens, des Handelns, der Verantwortung sind Euch suspekt.

Und da liegt der Grundwiderspruch vieler Mächtiger zu dem, was das Leben will, wie es uns in 3,5 Milliarden Jahren gezeigt hat – wenn wir es denn begreifen würden.

Die Quintessenz

1. Die Evolution hat zwar kein Ziel, aber sie hat ein nach 3,5 Milliarden Jahren erkennbares Ergebnis: ein ungeheures Gedeihen des Lebens in Vielfalt und Fülle.
2. Die Vielfalt hat über 1,5 Millionen Arten hervorgebracht. Aber die sind längst nicht alle entdeckt. Es gibt Schätzungen, dass es insgesamt bis einhundert Millionen Arten auf der Erde geben könnte.
3. Des Lebens ganze Fülle erschließt sich, wenn man weiß, dass auf einem Quadratmeter europäischen Wiesenbodens, den man 30 Zentimeter tief aushebt, 9,2 Millionen Tiere leben, angefangen von den Asseln bis zu den Nematoden.
4. Jedes dieser Lebewesen hat seine individuelle Nische und seine eigene Überlebensstrategie.
5. In dem Begriff der Vielfalt begründet sich das Lebens- und Entfaltungsrecht des Kleinen, des Schwachen, der Minderheit und der Ehrfurcht vor dem Leben.

»Mutation: Die allgemeine Bezeichnung für eine spontane und zufällige Veränderung der genetischen Eigenschaften einer Zelle, die nicht mit sexueller Fortpflanzung zusammenhängt.«

»Kompaktlexikon der Biologie«,
Spektrum Akademischer Verlag, 2002

Ihr Mächtigen,

wie arbeitet die Evolution?

Sie kann sehr konservativ sein. Ein Überlebenskonzept, das sich einmal bewährt hat, wird Millionen Jahre beibehalten.

Aber das Unternehmen »Leben« ist ungeheuer kreativ, wenn es darum geht, neue Überlebensstrategien zu entwickeln. Als die Birken in der Nähe von Manchester durch die Industrialisierung dunkler wurden, passten sich die Birkenspanner der neuen Rindenfarbe sehr schnell an.

Ihr Mächtigen habt Eure Ideologien. Ihr seid entweder konservativ oder progressiv. Die Natur ist beides: Sie bewahrt das Bewährte und ist gleichzeitig ungeheuer kreativ auf der ständigen Suche nach neuen und besseren Überlebensstrukturen und Strategien.

Das Erfolgskonzept des Großunternehmens »Leben« ist ein – so nenne ich es – evolutionärer Pragmatismus.

M. S.

Mutation

Der Kernprozess des Lebens ist Variation und Selektion. Das wissen wir seit Charles Darwin. Variation ist Veränderung. Da hat die Natur drei Methoden:
- Mutationen sind sprunghafte Veränderungen, neue Ideen, die »am Leben probiert werden«: Erhöhen sie die Überlebenssicherheit oder nicht?
- Was sind Variationen? Kleine Veränderungen und kleine Anpassungsprozesse der schon vorhandenen Ideen.
- Und schließlich Rekombinationen. Das Leben kombiniert die in den Genen gespeicherten Informationen immer wieder neu. Wenn ein Kind gezeugt wird, werden die Gene von Vater und Mutter bei der Befruchtung in der Eizelle neu gemischt. Deshalb ist das Kind nie ganz Vater und nie ganz Mutter.

Mit der »Erfindung« der geschlechtlichen Zeugung hat sich die Variationsbreite der Möglichkeiten stark erhöht. Das Leben will nicht »Klonen«. Eineiige Zwillinge sind eher ein »Betriebsunfall« der Natur.

*

Seit Darwin gibt es den Begriff der Selektion. Das heißt, die Veränderungen, die die Natur ständig produziert, werden selektiert, also bewertet. Und das in dem Lebensraum, in dem das Lebewesen später leben und überleben soll: im Regenwald oder der Wüste, der Gebirgslandschaft oder dem Meer. Die Selektion findet in dem jeweiligen Biotop statt.

Es gibt einen netten Witz, der diesen Vorgang sehr plastisch macht:

Ein Kamelkind fragt die Kamelmutter: »Mama, warum haben wir eigentlich so buschige Augenbrauen?«

Die Kamelmutter: »Die Augenbrauen schützen unsere Augen bei Sandstürmen in der Wüste.«

»Mama, warum haben wir eigentlich so breite Hufe?«

Kamelmutter: »Damit wir im Sand der Wüste nicht so tief einsinken.«

»Mama, warum haben wir eigentlich diesen komischen Höcker?« »Darin speichern wir unsere Vorräte an Nahrung und Flüssigkeit, damit wir tagelang durch die Wüste laufen können.«

Da fragt das Kamelkind ganz entgeistert: »Und warum leben wir dann in einem Zoo?«

Wir sehen: Nicht jedes Lebewesen lebt nachher in dem Biotop, für das es eigentlich am angepasstesten wäre. Das geht auch vielen Menschen so. Und das ist der Grund für viele unglückliche Lebenssituationen.

*

Mutation und Selektion, das kann man in menschliche Dimensionen ganz einfach übersetzen: Idee und Bewertung.

Pflanzen und Tiere bewerten ihre Veränderungen in ihren jeweiligen Lebensräumen, in ihren Landschaften, die dabei zu Bewertungs- oder Wertelandschaften werden. Diese Landschaften sind geprägt durch die Geologie, durch das Wetter, die geografischen Bedingungen, durch andere Lebewesen, die im gleichen Biotop leben, durch die Ernährungsmöglichkeiten, auch durch die Gefahren, durch Feinde.

Die Wertelandschaft des Neandertalers war noch von ähnlichen Bedingungen geprägt. Die Landschaft und das Wetter waren für sein Verhalten, für seine Entwicklung und die Gestaltung seiner Lebensräume, seiner Höhlen noch sehr viel entscheidender als für uns Menschen der modernen Gesellschaft.

*

Unser Sohn, der in einem Stadthaus lebt und in einem wissenschaftlichen Institut arbeitet, hat mich einmal gefragt, warum ich mir so gerne den Wetterbericht ansehe, der würde ihn überhaupt nicht interessieren.

Meine Antwort war: »Weil ich ländlich lebe in einem ehemaligen Bauernhof in der Vulkaneifel. Für meine Tagesgestaltung spielt das Wetter eine erhebliche Rolle. Ob ich z. B. nachmittags durch die Wälder und über die Felder laufen kann und was ich dabei anziehen muss.«

*

Wie arbeitet also das Leben? Ich möchte die Formel noch etwas weitertreiben: Kreativität in der Wertelandschaft. Es entwickelt sich ständig kreativ weiter und passt sich immer feiner den jeweiligen Wertelandschaften an.

*

Die Wertelandschaft der Menschen ist nicht mehr so sehr geprägt von der Geologie, der Geografie, der Meteorologie. Sie ist geprägt von unseren geistigen Strukturen, die sich in Konventionen, Statuten, Gesetzen, Verordnungen, Behörden niedergeschlagen haben. Es ist die Wertelandschaft der verwalteten Welt.

Ich vermute, das Finanzamt ist in der geistigen Wertelandschaft vieler Menschen viel dominanter und bedeutsamer und bestimmt viel stärker das Verhalten als die Meteorologie und der Wetterbericht.

*

Die Natur kann urkonservativ sein – aber auch höchst progressiv.

In der Vulkaneifel hat man vor einigen Jahren ein Trockenmaar entdeckt: das Eckfelder Maar. Ein Trockenmaar ist ein ehemaliger Kratersee, der seit Jahrtausenden kein Wasser mehr hat. Die Schichtenablagerungen eines solchen Kratersees sind für die Paläontologen höchst interessant. Dort findet man Reste von Fauna und Flora aus uralten Erdperioden. Das Trockenmaar, von dem ich hier spreche, liegt wenige Kilometer Luftlinie von dem Ort entfernt, in dem ich lebe und das hier schreibe.

In diesem Eckfelder Trockenmaar hat man die älteste Honigbiene der Welt gefunden. Sie ist etwa 50 Millionen Jahre alt. Ihr Bauplan hat sich gegenüber einer Honigbiene von heute kaum verändert. Das Überlebenskonzept »Biene« hat sich also Millionen Jahre bewährt. Und wenn es sich bewährt hat, ist die Natur urkonservativ.

*

Als in der Umgebung von Manchester um 1870 die Birken durch die Luftverschmutzung der Industrialisierung dunkler wurden, bekamen die Birkenspanner – eine Schmetterlingsart, deren Flügelfarbe etwa der Oberfläche der Birke entspricht – ein Problem. Sie waren zu hell. Die Birkenspanner konnten von ihren Fressfeinden, den Vögeln, von den Birkenstämmen geradezu abgerafft werden.

Aber sie mutierten schnell. Sie wurden dunkler und konnten dadurch überleben.

Im Naturhistorischen Museum in London ist dieser Anpassungsprozess in der Darwin-Abteilung anschaulich dargestellt.

*

Da könntet Ihr Mächtigen noch sehr viel lernen. Oft seid Ihr von Eurer Grundeinstellung her stockkonservativ: Ihr lebt in dem Glauben, alles sollte so bleiben, wie es ist. Oder Ihr seid fanatisch progressiv: Es muss alles anders werden.

Die Evolution hat das richtige Gleichgewicht zwischen Stabilität und Variabilität gefunden. Wenn die Umwelt sich verändert, wird Konservatismus zum Aussterben führen. Konservative Systeme haben keinen Anpassungsspielraum und keine Passungselastizität. Umgekehrt fehlt jedem System, das zu variabel ist, das stabile Rückgrat.

*

Der Baum ist ein gutes Symbol einer Mischung von Stabilität und Variabilität. Der Stamm ist starr und stark und stabil. Die Äste sind schon etwas flexibler. Die Zweige sind sehr flexibel. Die Blätter können jährlich abgeworfen werden und wachsen dann immer wieder neu.

*

Konservativ oder progressiv, das sind bei Euch Mächtigen oft politische Kategorien, manchmal sogar ideologisch verfestigt. Aber das Leben kennt keine Ideologien.

Die Evolution arbeitet höchst pragmatisch. Sie behält, was sich bewährt hat, und verändert, wo es notwendig ist.

*

Das Leben ist kreativ. Die Natur hat immer mehr Veränderungsideen, als sie braucht. Sie ist ein riesiges Versuchslabor auf der Suche nach neuen Überlebensfähigkeiten von Pflanzen und Tieren.

Die Evolutionsforscher nennen das den »Selektionsdruck«. Der funktioniert bei Klimaveränderungen. Der funktioniert, wenn ein neuer Feind auftritt, wenn neue Konkurrenten um die gleiche Nahrungsressource kämpfen.

*

Ihr Mächtigen gehört manchmal zu den kreativen Ideengebern. Da spielt Ihr den Part der Variation.

Aber viel bedeutsamer ist Eure Rolle als Hüter und Gestalter der Wertelandschaften. Ihr Bosse der Wirtschaft, Ihr Mächtigen in Gesellschaft und Politik, vor allem Ihr Mächtigen in den Kulturen und Religionen, Ihr habt die Verantwortung für die Wertelandschaften, in denen Menschen handeln, in denen sie kreativ werden, in denen sie sich entfalten können oder auch nicht.

Hier liegt Eure Kernverantwortung. Die Wertelandschaft ist nicht nur Schicksal, wie das Biotop für die Pflanze und das Tier. Ihr habt die Hoheit und die Herrschaft über die Wertelandschaften. Und hier liegt Eure größte Verantwortung, wenn Ihr das denn begreifen würdet.

Denn mit Euren Wertelandschaften selektiert Ihr die Ideen der Menschen. Hier brauchtet Ihr endlich einen evolutionären Pragmatismus, was aber von Euren Ideologien verhindert wird.

*

Die Welt ist voller guter Ideen. Wir haben keinen Mangel an kreativen Ideen, wie die Welt besser gestaltet werden könnte.

Da gibt es z. B. die Idee der Tobin-Steuer. Der Wirtschaftsnobelpreisträger James Tobin hatte vorgeschlagen, die Geldströme, die täglich über die Welt fließen, mit einer prozentual sehr geringen Steuer zu belegen und das Geld in einem Fonds zu sammeln, der unter der Regie einer Weltorganisation ausgegeben würde, um Not in der Welt zu lindern. Die Idee ist also da.

Die Tobin-Steuer hätte zwei Effekte: Sie vermindert schädliche Spekulation und schafft die Mittel für Armutsbekämpfung in der Welt.

Aber es geschieht nichts. Die Tobin-Steuer wurde zerredet. Den einen passt sie ideologisch nicht in den Kram, die anderen halten sie organisatorisch nicht für machbar.

*

Bei Tierfilmen im Fernsehen wird manchmal folgende Szene gezeigt: Ein Raubtier frisst seine Beute. Dann kommt der Kommentar dazu: »Fressen und Gefressen werden – das ist das Grundgesetz des Lebens«. Das ist ein bodenlos dummer und falscher Satz.

Man könnte unendlich viele Naturfilme zeigen, bei denen es um Symbiose, Kooperation, gegenseitige Hilfe und auch Fürsorge geht. Die Flechten sind die Symbiose von Pilzen und Algen. Die Pilze schützen die Algen vor Austrocknung. Die Algen versorgen die Pilze mit den notwendigen Kohlehydraten.

Ähnlich ist es mit den Ameisen und den Blattläusen. Die Läuse geben den Ameisen den Honigtau. Die Ameisen verteidigen die Läuse, wenn ihnen Gefahr droht.

Die vermeintlich starken Tiere sind gar nicht die erfolgreichsten unter den Tieren. In der Einleitung sprach ich über das große Faultier, von denen auf einem Quadratkilometer Regenwald 700 Faultiere, aber nur 70 Brüllaffen leben. Das Faultier ist also überlebensfähiger und damit erfolgreicher. Seine Überlebensstrategie ist eine höchst friedfertige. Faultiere streiten sich kaum um die Ressourcen.

Ich habe schon geschildert, dass jede Familie einen eigenen Magencocktail hat, den die Mutter den Kindern durch »Schluckimpfung« überträgt. Dann kann die eine Familie von Lianenblättern leben und diese besser verdauen und die andere von Eukalyptusblättern.

Die Methode, Feinde abzuwehren, ist höchst intelligent: Die Faultiere hängen an einem Ast, der so stark ist, dass er gerade dieses eine Faultier trägt. Das wissen auch die Raubtiere. Sie wissen, wenn sie den Ast betreten, wird er sofort abbrechen, also lassen sie das Faultier in Ruhe.

Faultiere haben einen extrem sparsamen Lebensstil. Sie gehören zu den friedlichsten Tieren der Welt. Das ist also eine höchst erfolgreiche Überlebensstrategie.

Raubtiere brauchen für jeden Beutezug immer wieder eine neue strategische Intelligenz. Faultiere haben eine System-Intelligenz, die ihnen ihre Überlebensfähigkeit sichert, ohne dass sie aggressiv sein müssen.

*

Es gibt Millionen und Abermillionen von Überlebensstrategien. Fressen und Gefressen werden ist nur eine davon.

Auch das Räuber/Beute-Verhältnis – so sagen die Biologen – ist ein kooperatives Verhältnis. Räuber und Beute halten sich in einem evolutionären Fließgleichgewicht. Wenn das nicht so wäre, würde auch der Räuber aussterben.

Die Quintessenz

1. Wie arbeitet das Großunternehmen »Leben«? Der Kernprozess ist Variation und Selektion. Die Natur verändert durch Mutationen und Variationen und probiert aus, ob sich dadurch die Lebenschancen erhöhen.
2. Mutation und Selektion heißt nichts anderes als Idee und Bewertung. Die Bewertung der Ideen findet in der jeweiligen Landschaft statt, in der das Lebewesen überleben soll. Ich nenne sie Wertelandschaft.
3. Auch wir Menschen sind kreativ in unseren jeweiligen Wertelandschaften, die allerdings nicht mehr wie bei einer Pflanze oder einem Tier durch die Wertelandschaft der Geologie und Meteorologie geprägt sind, sondern durch die Wertelandschaft unserer geistigen Strukturen, von den Konventionen bis hin zu den Gesetzen.
4. Das Unternehmen »Leben« ist höchst konservativ, wenn es um Strukturen geht, die sich bewährt haben, und höchst progressiv, wenn Veränderungen notwendig werden, das heißt eine Not wenden und neue Lebenschancen erschließen.
5. Das Unternehmen »Leben« ist ein riesiges Versuchslabor auf der Suche nach Überlebensstrategien. Es geht nicht nur um Fressen und Gefressen werden, sondern auch um höchst friedfertige Überlebensstrategien, wie die des großen Faultiers, das erfolgreicher ist als die Raubtiere.

»Evolution ist damit durch eine Folge von Phasensprüngen
gekennzeichnet. Sie vollzieht sich keineswegs völlig
ziel- und regellos, denn vorteilhafte Mutanten treten mit
größter Wahrscheinlichkeit in den Bergregionen der
Wertlandschaft auf.«

Manfred Eigen (*1927),
Chemiker und Nobelpreisträger

Ihr Mächtigen,

Ihr seid die Herren der Wertelandschaft, in der Menschen leben und handeln. Diese Wertelandschaft hat fünf Horizonte:

1. *Einige von Euch, z. B. die Erzieher, beeinflussen die persönlichen Werte der Menschen.*
2. *Die Bosse der Wirtschaft die unternehmerischen Werte.*
3. *Die Politiker die gesellschaftlichen und politischen.*
4. *Da gibt es die Mächtigen in der Kultur.*
5. *Und schließlich jene, die von sich glauben zu wissen, wer Gott ist und was er will, die Mächtigen der Religionen.*

Vor allem stellt sich die Frage: Wie groß ist die Reichweite ihrer Führungsintelligenz und die Werthöhe ihrer Führungsverantwortung?

Das Instrument, mit dem Ihr herrscht, ist Eure Hoheit über Wertfelder. Ihr vertretet Werte, und die haben Herrschaftsräume. Darauf beruht Eure Macht.

Wenn Ihr dumm seid, versucht Ihr Wertfelder zu verfestigen, die die Evolution schon überholt hat.

Wenn Ihr klug seid, habt Ihr die Dynamik der Wertfeldprozesse begriffen und geht sensibel mit ihnen um.

M. S.

Wertelandschaft

Evolution ist Kreativität in der Wertelandschaft. Jeder Mensch hat seine Wertelandschaft, in der sich seine Ideen und seine Taten entwickeln.

Jeder Verein, jedes Unternehmen, jede Institution, unsere Staaten, unsere Kulturen und unsere Religionen sind Wertelandschaften.

*

Als ich zum ersten Mal den Gedanken der Wertelandschaft in einem Vortrag im Rahmen der »Lübecker Wertedebatte« im Musiksaal der Musikhochschule in Lübeck eingebracht habe, sagte mir hinterher eine Zuhörerin: »Ich setze mich noch heute Mittag hin, nehme mir einen großen Bogen Papier und zeichne mir meine Wertelandschaft auf: Was sind für mich hohe Werte, hohe Berge? Was sind für mich kleinere Werte? Was sind Täler? Was sind Senken?«

*

Die Wertelandschaft der Welt hat fünf große Wertehorizonte.
1. Die Hügellandschaft vor Augen, die der persönlichen oder egoistischen Werte.
2. Die zweite Horizontkette ist die der Institutionen, der Unternehmen, in denen wir jeweils arbeiten. Da kann es schon die ersten Konflikte geben.

3. Der dritte Horizont ist der unserer gesellschaftlichen und politischen Werte.
4. Der vierte Horizont, in den wiederum die gesellschaftlichen und politischen Werte eingebunden sind, sind die Werte der sieben Großkulturen, die Samuel Huntington analysiert hat.
5. Ganz hinten am Horizont, die letzte Gebirgskette, ist die der ethischen und religiösen Werte, der Werte, die sich aus der Frage nach Ursprung, Sinn und Ziel des Seins ergeben: Wo kommt das alles her? Was hat es für einen Sinn? Und wo wird es hinführen?

Jeder hat diese Wertelandschaften. Nur: Für manche liegen einige der Horizonte im Nebel. Andere haben Karten und Kompass. Andere haben nur einen Überblick bis zur nächsten Ecke und entscheiden dann, wie sie weiterwandern werden.

*

Die Welt-Evolution spielt sich in dieser Wertelandschaft mit den fünf Horizonten ab. Und Ihr Mächtigen müsstet wissen, dass Eure Macht und Euer Einfluss in der Hoheit über diese Wertelandschaften liegen.
- Die Mächtigen der Erziehung, ob als Eltern, Lehrer, oder als Philosoph, beeinflussen die persönliche Wertelandschaft.
- Die Führungskräfte der Unternehmen und Institutionen beeinflussen die institutionelle Wertelandschaft.
- Die Politiker und die Mächtigen gesellschaftlicher Strukturen beeinflussen die politisch-gesellschaftliche Wertelandschaft.
- Die Mächtigen der Kultur beeinflussen die kulturelle Wertelandschaft.
- Und die Hüter über Religion, Glaube und Ethik beein-

flussen die Antworten auf die Frage nach Ursprung, Sinn und Ziel des Seins, die die Menschen sich geben und die ihre Ideen und Handlungen bestimmen.

In Eurer Hoheit über Wertelandschaften liegt Eure Macht, aber auch Eure Verantwortung, Ihr Mächtigen.

*

Eure Machtmethodik ist die Bildung und Pflege von Wertfeldern, jener Werte, die Ihr für die richtigen haltet. Wir Menschen handeln in herrschenden Wertfeldern. Wertfelder haben ihren Kern im zentralen Wert und eine Geschichte. Sie entstehen und vergehen. Sie haben eine Topografie. Werte herrschen in bestimmten Räumen und in bestimmten sozialen Schichten.

Es gab schreckliche Wertfelder. Hier fällt es schwer, das Wort »Wert« zu benutzen. Es galt lange Jahre als Wert, die Menschheit von Hexen und Ketzern zu befreien. Der Anfang dieses Wertfeldes lässt sich datieren: auf den 5. Dezember 1484, als die Hexenbulle von Papst Innozenz VIII. erschien. Auch das Ende lässt sich datieren: 1631, als Friedrich von Spee mit dem Buch »Cautio criminalis« bewusst machte, welch furchtbares Unrecht hier geschah.

Das »Wertfeld«, das Hitler aufbaute, begann in den Münchner Bierkellern der Zwanziger Jahre des letzten Jahrhunderts und endete 1945.

Große Wertfelder der Kultur waren die stilbildenden Epochen: die Romanik, die Gotik, die Romantik. Die großen Werke der Kunst und der Wissenschaft sind immer in herrschenden Wertfeldern entstanden und haben herrschende Wertfelder mitgeprägt.

Die Geschichte der Menschheit ist eine dramatische Geschichte ihrer jeweils herrschenden Wertfelder auch derer, die furchtbar viel Unheil angerichtet haben.

Das Wort »Wert« ist hier immer relativ. Im Namen von Werten ist sehr viel Gutes geschehen. Im Namen von Werten ist furchtbares Unheil angerichtet worden. Da bleibt die Frage: Wer bewertet die Werte?

Sie lassen sich nur im Kontext mit der Evolution des Lebens bewerten. Die Prüffrage muss deshalb lauten: Dient es dem höchsten Wert des evolutionären Spiels, das Gedeihen des Lebens in Vielfalt und Fülle zu fördern?

*

Ihr Mächtigen habt dann ein ganzes Instrumentarium entwickelt, Eure Wertfelder aufzubauen, zu pflegen, zu stabilisieren.

Es beginnt mit Konventionen, Statuten, Legenden, Ritualen, dem Aufstellen von Tabus (darüber darf auch nicht mehr nachgedacht werden) und endet mit Gesetzen und Strafen bis hin zur Todesstrafe für den, der Euren Werten nicht gefolgt ist.

Ihr habt jene mit Ornaten geschmückt und mit Orden und Titeln überhäuft, die Euren Werten gedient haben, und jene geächtet und verfolgt, die Eure Werte nicht mittragen wollten. Das ist die Technik der Macht.

*

Ihr Mächtigen wollt die Wertfelder, über die Ihr die Hoheit habt, möglichst stabilisieren. Aber der evolutionäre Prozess ist stärker. Die Wertelandschaften und die Wertfelder verändern sich ständig.

Das geschieht in Stufen:

1. Es bilden sich Mangelfelder. Ein Mangel ist ein negativer Wert. Es wird empfunden, dass hier eine evolutionäre Veränderung notwendig ist.

2. Wo Mängel sind, bilden sich Ideen, diese Mängel zu be-

seitigen. Aus einem Mangelfeld wird ein Ideenfeld. Es entstanden die ersten ökologischen Ideen, als empfunden wurde, dass wir mit der Industrialisierung die Welt so nicht weiter kaputtmachen dürfen. Es entstanden zur Zeit des Manchester-Kapitalismus soziale Ideen. So entstanden technische Ideen, gesellschaftliche und kulturelle.

3. Wo Ideen sind, bilden sich Meinungen. Ideen werden »selektiert«: Die eine führt eher zum Ziel, die andere weniger. Es bilden sich Ideencluster: So könnte es gehen.

4. Aus Meinungsfeldern werden Versuchsfelder. Wo Meinungen sind, wird probiert: Geht es denn wirklich so? Versuch ist noch keine Erkenntnis. Aber auch ein gescheiterter Versuch kann zu Erkenntnis hinführen. Zumindest weiß man jetzt: So geht es nicht.

5. Versuche, die gelingen, werden wiederholt. Aus Versuchen wird Ver-Halten. Was gelungen ist, wird behalten.

6. Und wo Verhalten sich verfestigt, entstehen Strukturen. Verhalten verleibt sich Materie ein und baut Strukturen. So sind aus dem Traum vom Fliegen Flugzeuge, Flugzeugfabriken und Fughäfen geworden.

Wenn man die bescheidenen Anfänge der ersten, zum Teil hilflosen Ideen, vergleicht mit dem, was sich daraus gebildet hat, spürt man die Kraft des evolutionären Spiels, das von Idee zu Konzept zu Strukturen führt.

*

So sind politische Wertfelder entstanden, zunächst meist punktuell und unscheinbar.

Als die industrielle Revolution – vor allem der Manchester-Kapitalismus – drohte zum alles beherrschenden wirtschaftlichen Wertfeld mit ganz schlimmen Folgen zu werden (Arbeiterausbeutung, Kinderarbeit, soziale Probleme in den Arbeiterstädten und -siedlungen), war das die Bildung eines Mangelfeldes.

Es kam zunächst völlig unscheinbar zu Diskussionen in Hinterzimmern und Kneipen in den Köpfen und in Gesprächen von Menschen, die das soziale Problem erkannten und artikulierten. Wie dieses Wertfeld dann heranwuchs, wissen wir. Die Folge war eine ungeheure Bewegung auf der Suche nach sozialen Lösungen.

Aus dem Mangelfeld wurde ein Ideenfeld. Es verdichtete sich zu Meinungsfeldern, die in Versuche mündeten, wie soziale Taten organisiert werden konnten.

Aus den Versuchen wurde Verhalten. Es bildeten sich Strukturen, und es gab dann zwei Lösungen des sozialen Problems:
- Die sogenannte Diktatur des Proletariats, die zu den kommunistischen Systemen im Osten hinführte.
- Und im Westen die Idee der sozialen Marktwirtschaft, in der die soziale Frage demokratisch und freiheitlich gelöst werden konnte.

*

Eine ähnliche Entwicklung gab es in der Ökologie. Vielleicht war der Schlüsselsatz der von Willy Brandt: »Wir müssen den blauen Himmel über der Ruhr wiederherstellen«. Es war eine der ersten Artikulationen eines Wertes, der dem bis damals herrschenden Wert einer ungehemmten Industrialisierung entgegenstand. Willy Brandt hatte begriffen, dass wir dabei waren, unsere natürlichen Ressourcen zu zerstören.

Dieses neue ökologische Wertfeld bekam dann einen ungeheuren Wachstumsschub durch das Buch »Die Grenzen des Wachstums« von Dennis und Donella Meadows.

Jetzt hatte auch das ökologische Wertfeld seine Ideen

gefunden, aus denen sich Konzepte und Strukturen bildeten. Eine dieser Strukturen war dann die Partei »Die Grünen«.

Dass wir heute ein Umweltministerium haben, Umwelt-
ämter, Umweltgesetze ist Folge dieses Wertfeldprozesses.

Es sind am Anfang oft kleine »Infektionsherde«, die zur
Bildung neuer Wertfelder führen. Sie werden oft kaum be-
achtet und nicht ernst genommen. Und das ist gut so. Es
hilft ihnen nämlich, Ideen und Kraft zu gewinnen, ehe die
Mächtigen in ihren herrschenden Wertfeldern begreifen,
dass sich da etwas bildet, das ihnen gefährlich werden
könnte. Sie würden das Neue »im Keim ersticken« und
damit das evolutionäre Spiel aufhalten.

*

Aber dieses evolutionäre Spiel kann man fördern, und man
kann es zu verhindern suchen, es bekämpfen.

Alle dominanten Systeme scheuen die Entwicklung neuer Ideen. Ideengeber, in denen Ihr Mächtigen eine Bedrohung Eurer Macht seht, haben oft mit dem Leben bezahlt
oder »harmloser«: Man hat sie verlacht und geächtet.

*

In dieser Wertelandschaft und ihren Wertfeldern liegen für
Euch Mächtige zwei entscheidende Fragen:
1. Wie groß ist die Reichweite Eurer Führungsintelligenz?
   Begreift ihr, dass es bei der Führung um mehr geht, als
   nur darum, der eigenen Institution zum vorübergehen-
   den Erfolg zu verhelfen?
2. Wie hoch ist die Werthöhe Eurer Führungsverantwortung? Endet sie bei Eurem Egoismus? Seht Ihr noch gesellschaftliche und politische Verantwortung oder sogar
   kulturelle? Hat Euer System, das Ihr führt, eine Ethik,

die sich in die Gesamtethik der Lebensentwicklung einfügt auf der Suche nach Gedeihen des Lebens in Vielfalt
und Fülle?

*

Die Finanzkrise von 2008/2009 hat uns dramatisch vorgeführt, dass es mit der Reichweite der Führungsintelligenz
und der Werthöhe der Führungsverantwortung bei vielen
Bankern und Bossen nicht weit her ist.

*

Täuscht Euch nicht. Viele Mächtige, die scheitern, scheitern nicht an ihrer mangelnden Führungsfähigkeit, sondern
an ihrer Unsensibilität für Werte.

Hitler hatte eine ungeheure Führungsfähigkeit, sonst
wäre es ihm nicht gelungen, ein 80-Millionen-Volk ins
Elend zu führen. Als er 1941 auf der Höhe seiner Macht
war, gab es wenige auf der Welt, die ahnten, dass er nur
vier Jahre später zugrunde gehen würde durch Selbstmord
in einem armseligen Bunkerkämmerchen unter der Erde
von Berlin.

Führung ist kein Managementproblem, sondern ein
Werteproblem.

Die Quintessenz

1. Die Wertelandschaft, in der sich menschliche Strukturen entfalten, hat fünf Horizonte:
   - den persönlich egoistischen Werthorizont,
   - den der Wirtschaften und Institutionen, in denen wir arbeiten,
   - den gesellschaftlichen und politischen,
   - den kulturellen,
   - und schließlich den Werthorizont der Religionen und der Ethik.
2. Daraus erschließt sich, wer die Mächtigen sind:
   - die Erzieher, die die persönlichen Werte prägen,
   - die Bosse der Unternehmen und der Institutionen,
   - die politischen und gesellschaftlichen Führer,
   - die Gurus der Kultur,
   - die Päpste der Religionen, die sich anheischig machen zu wissen, was Gott will.
3. In diesen großen Wertebenen gibt es evolutionäre Wertfelder, die alle ihr Schicksal haben. Sie beginnen als Mangelfelder, entwickeln sich zu Ideenfeldern, verdichten sich zu Meinungsfeldern, führen zu Versuchen, zu Verhalten und können sich als Machtfelder verhärten. Dann werden sie anti-evolutionär.
4. An jeden Mächtigen und an alle, die Führungsverantwortung haben, stellt sich die Frage: Wie groß ist die Reichweite ihrer Führungsintelligenz?
5. Und die Frage: Wie groß ist die Werthöhe ihrer Führungsverantwortung? Endet sie in ihren eigenen persönlichen egoistischen Zielen, oder reicht sie bis zum fünften Horizont einer evolutionären Ethik in ihrer Wertelandschaft?

»Es gibt für Unzählige nur ein Heilmittel
– die Katastrophe.«

Christian Morgenstern (1871–1914),
deutscher Schriftsteller

Ihr Mächtigen,

immer wenn Ihr versucht habt, die Entwicklung des Lebens nach Vielfalt und Fülle aufzuhalten, habt Ihr »regulierende Katastrophen« produziert.

Die Geschichte des Lebens ist eine Geschichte ihrer »regulierenden Katastrophen«. Den Evolutionsprozess könnt auch Ihr letztlich nicht aufhalten. Die großen Revolutionen waren »regulierende Katastrophen«, die Weltkriege, die Wirtschaftskrisen und die großen Inflationen.

»Regulierende Katastrophen« sind Lernprozesse, die immer dann eintreten, wenn wir nicht durch Einsicht und Vernunft lernen. Diese Lernprozesse sind verlustreich, schmerzlich und manche oft sogar blutig.

Der Untergang monolithischer Reiche ist oft als historisches Unglück dargestellt worden. Gerade diese Untergänge haben oft das Leben wieder für Gedeihen in Vielfalt und Fülle geöffnet.

M. S.

Katastrophen

Das Leben will gedeihen in Vielfalt und Fülle in einem
Fließgleichgewicht der Lebenschancen. Die Vielfalt der Arten in der Natur, der Lebensnischen, der Überlebensstrategien von der Amöbe bis zum Mammutbaum zeigt, wie das
Leben sich entwickelt hat und weiterentwickelt.

*

Auch unsere menschlichen Ideen, Konzepte und Strukturen
entwickeln sich evolutionär auf der Suche nach Vielfalt
und Fülle. Sie streben nach einem Ausgleich der Lebenschancen in einem Fließgleichgewicht.

Wie die Entwicklungsideen der Natur, die Variationen,
Mutationen und Rekombinationen, in den Biotopen bewertet werden, ob sie die Überlebenschancen erhöhen, so
werden die menschlichen Ideen, Konzepte und Strukturen
in den Wertelandschaften und den Wertfeldern selektiert.

Sie entstehen in einem Prozess: Mangelfelder werden zu
Brutstätten von Ideen. Ideen verdichten sich zu Meinungen, die sich in Versuchen konkretisieren. Versuche, die
Erfolg haben, werden zu Verhalten. So bilden sich Strukturen.

Wenn es ein offener, weicher Prozess wäre, würde dieses Verfahren den evolutionären Prozess auf der Suche
nach Gedeihen des Lebens in Fülle und Vielfalt sichern.

*

Aber genau hier liegt das Problem. Ihr Mächtigen habt die Hoheit über die Wertelandschaften. Die Wertfelder gehören Euch. Das ist die Grundlage Eurer Macht. Ihr habt eine Menge von Mechanismen gefunden, um diese Wertfelder zu stabilisieren, zu verfestigen und vielleicht sogar starr zu machen. Aber dann sind sie nicht mehr evolutionär.

*

Macht schafft Mangelfelder, in denen Ideen wachsen, um die Macht abzuschütteln, um sich wieder entfalten zu können. Da lag in der Geschichte immer die Ursache für Rebellen und Revolutionen.

Ihr Mächtigen habt oft alles getan, um diese Brutstätten von Befreiungsideen im Keim zu ersticken. Macht will sich selbst erhalten. Macht ist autopoietisch, wie der Philosoph Niklas Luhmann geschrieben hat.

*

Aber der Evolutionsprozess ist letztlich nicht aufzuhalten. Er kann aufgestaut werden. Aber er wird sich Bahn brechen: Und das ist dann die »regulierende Katastrophe«.

Die Geschichte der Macht und der Menschheit ist eine Geschichte ihrer »regulierenden Katastrophen«, in der die Evolution sich immer wieder Bahn bricht.

*

In den Geschichtsbüchern wurden immer die Untergänge von Reichen als historische Unglücke dargestellt. Aber das waren sie ja nicht.

Als das römische Reich unterging, öffneten sich die Regionen, die von den Römern beherrscht waren, für eine Vielfalt und Fülle von Lebensideen und Lebensentwürfen.

Oswald Spengler beweinte nach dem Ersten Weltkrieg den »Untergang des Abendlandes«. Das Abendland ist immer noch nicht untergegangen. Wir leben in diesem Abendland in der Europäischen Union, die eine Vielfalt der Lebensstile, Kulturen, Meinungen und politischen Ideen zulässt.

*

Die französische Revolution war eine »regulierende Katastrophe«. Die Macht und der Reichtum von Adel und Klerus waren so groß geworden, dass das Volk keine Entfaltungsspielräume mehr hatte. Es musste sich Bahn brechen und brach sich Bahn.

Aber die französische Revolution schuf nach vielen Irrungen und Wirrungen Freiräume für demokratische Ideen, wie den Verfassungsstaat und die Gewaltenteilung auf dem Weg zu einer offenen Gesellschaft.

*

Der Erste Weltkrieg war eine »regulierende Katastrophe«.

Aber: Hätte man evolutionär gedacht, hätte der Versailler Vertrag in der Form nicht durchgesetzt werden dürfen. Er war anti-evolutionär und schuf ein Mangelfeld, in dem die Ideen eines Adolf Hitler ihre Brutstätten fanden und ihm den Weg zur Macht bahnten.

Das endete wieder in einer »regulierenden Katastrophe«: dem Zweiten Weltkrieg mit einem zerstörten Europa und über 50 Millionen Toten.

*

Hitlers Dominanz in Europa war so mächtig geworden, dass sie Gegenkräfte wecken musste und selbst so unterschiedliche Gesellschaftssysteme wie das der Amerikaner und der Russen zeitweise in dem Gedanken einte, diesen Hitler zu beseitigen.

Aber auch die Idee einer weltumspannenden kommunistischen Revolution endete in einer »regulierenden Katastrophe«: dem Zusammenbruch der Blöcke am 9. November 1989 mit dem Fall der Mauer. Diese »regulierende Katastrophe« musste kommen, weil die kommunistische Diktatur evolutionäre Entwicklungsprozesse verhinderte. Das lässt das Leben sich auf Dauer nicht gefallen.

*

Auch der Weg des wirtschaftlichen Erkenntnisprozesses ist mit »regulierenden Katastrophen« gepflastert:

Die Inflation von 1923, die Weltwirtschaftskrise von 1929 und die Finanzkrise von 2008 waren »regulierende Katastrophen«, aus denen man über den Umgang mit Geld und Wertpapieren einiges gelernt hat.

*

Das alles zeigt: Der evolutionäre Entwicklungsprozess arbeitet in Schüben.

Der Erfolgsegoismus der Menschen ist wohl immer so groß, dass er keine Grenzen kennt, wenn niemand ihm diese Grenzen setzt. Irgendwann ist das Spiel ausgereizt. Die Blase platzt.

Aber der große evolutionäre Prozess lässt sich nicht aufhalten. Das Spiel reguliert sich wieder ein. Wenn es das nicht täte, wäre die Menschheit längst untergegangen.

Es sind zunächst oft kleine unbeachtete Ereignisse, die solche »regulierenden Katastrophen« einleiten.

*

Als der kleine und bis dahin völlig unbekannte Elektriker Lech Wałęsa an jenem Tag, als sich die Arbeiter der Danziger Werft zusammenrotteten, um zu demonstrieren, plötzlich aus der Menge der Arbeiter hervortrat und der revolutionären Stimmung, die sich aufgebaut hatte, seine Stimme gab, wurde er zum Kristallisationskern eines aufgestauten Mangelfeldes, das zur Gründung der Solidarność führte.

Eine andere Schlüsselszene für einen Wertfeld-Zusammenbruch war im Fernsehen zu sehen: Der rumänische Diktator Nicolae Ceaușescu sprach zu seinem Volk. Zunächst sah es so aus, als ob das Volk ihm zujubeln würde. Plötzlich schrie jemand aus der Menge »Mörder!« Da kippte von einem Augenblick auf den anderen ein Wertfeld um. Ceaușescu begriff wohl, dass dies das Ende seiner Herrschaft war. Man sah die abwehrende Gestikulation des schrecklichen Diktators und sein schmerzverzerrtes Gesicht.

Als bei der berühmten Pressekonferenz am 9. November 1989 in Ostberlin Günter Schabowksi auf die Frage des Journalisten, ob denn diese Reise-Freizügigkeit sofort gelte, antwortete: »Meines Wissens ja!«, löste er mit diesem unscheinbaren Satz eine »regulierende Katastrophe« aus: den Fall der Mauer und den Zusammenbruch des Ostblocks.

*

In der Chaostheorie gibt es das oft zitierte Beispiel vom Flügelschlag eines Schmetterlings, der einen Orkan auslösen kann. Ein kleines Vögelchen, das im Schnee scharrt, kann eine Lawine zum Abgang bringen.

Dass kleine Ursachen große Wirkungen haben können, funktioniert aber nur dann, wenn sich ein Spannungsfeld aufgebaut hat, das nur noch einen kleinen letzten Auslöser braucht, um sich zu entladen. Das ist einfach ein ganz natürlicher Vorgang.

Ich sehe in diesen physikalischen Ereignissen, Orkan und Lawine, bei denen sich ein kritisches Potential aufgebaut hat, das dann die Katastrophe auslöst, eindeutige Analogien zu solch katastrophalen Vorgängen und Kippprozessen in unseren gesellschaftlichen und politischen Strukturen.

Höchst wahrscheinlich ist es sogar eine Homologie, das heißt, es ist derselbe evolutionäre Prozess, eben nur mit anderen Mitteln.

*

Wenn politische Großgebilde zusammenbrechen, wird das in den Geschichtsbüchern oft als Verlust dargestellt.

Geschehen die Untergänge dieser Großgebilde aber friedlich, indem sie kollabieren, ist das für die Entwicklung des Lebens meist kein Verlust, sondern eher ein Gewinn, weil damit der Weg wieder frei wird für die Vielfalt und Fülle von Lebensentwürfen und neue kulturelle und gesellschaftliche Strukturen – der Königsweg der Evolution.

*

Um die »regulierenden Katastrophen« zu verhindern, müssen wir lernend einsehen, dass die Wertfelder Organe der Evolution sind und ihre Werte jeweils relativ.

Die Relativierung und damit Entzauberung vermeintlich absoluter Werte und ihrer Symbole, Rituale und Stabilisierungsinstrumente im Rahmen eines solchen Denkens in Wertfeldern ist deshalb wirklich keine Entzauberung des Lebens.

Im Gegenteil: Es macht frei und nimmt uns die Scheuklappen. Es befreit uns aus den Denkkäfigen, um zu erkennen, dass die Evolution ein großes Geschehen ist. Wir gewinnen Ehrfurcht und Achtung vor diesem Gedeihen in Vielfalt und Fülle.

*

Es bleibt aber eine Frage: Kann die Menschheit es so weit treiben, dass die Katastrophe nichts mehr einreguliert, sondern das absolute Aus bedeutet, wenn die Menschheit sich z. B. selbst ausrotten würde?

Ich glaube, dass selbst dann im Gesamtspiel der Evolution auch diese Katastrophe gerade dadurch regulierend wäre, dass der »Störfaktor Mensch« wegfallen würde und sich das Leben ohne ihn wieder besser entfalten könnte, wenn er sich als Störfaktor oder gar Vernichter der Evolution erwiesen hätte.

*

Dazu gibt es einen Witz: Gott und Petrus schauen aus dem Fernrohr zur Erde.

Da sagt Petrus zu Gott: »Die Erde können wir vergessen. Sieh dir an, was die Menschen mit ihrer Umweltzerstörung, ihrem Raubbau, ihren Atomexperimenten daraus gemacht haben. Die Menschheit scheint ausgestorben zu sein.«

Gott sagt: »Es gibt ja noch so viele Planeten. Lass es uns doch auf einem anderen noch einmal probieren.«

Da schaut Petrus noch einmal kurz durchs Fernrohr. Sein Blick geht geradewegs auf eine einsame kleine Südseeinsel, wo ein letztes Menschenpaar überlebt hat. Sie sind gerade dabei, sich heftigst zu lieben. Da ruft Petrus durch den Himmel: »Jetzt fangen die schon wieder an!«

Dieser Witz ist makaber und optimistisch zugleich. Selbst wenn es kein einsames Menschenpaar gewesen wä-

94

re, das überlebt hätte, sondern ein Käferpaar, könnte man, wenn man den Weg der Evolution betrachtet, annehmen: Das Spiel zum Gedeihen des Lebens in Vielfalt und Fülle beginnt wieder. Nur dauert es jetzt ein paar Millionen Jahre länger.

Wenn dieses neue Spiel dann zu einem besseren Menschen hinführen würde, der klüger und verantwortungsvoller mit der Natur umgehen würde, als wir es getan haben, wäre es also letztlich doch wieder eine »regulierende Katastrophe«.

*

Lernen wir eigentlich nur durch Katastrophen und nicht durch Einsicht und Vernunft?

Die Evolution ist ein riesiger Lernprozess. Leben ist Lernen. Und wenn wir nicht bereit sind durch Klugheit und Denken zu lernen, müssen wir wohl durch Katastrophen lernen.

Die nächsten Katastrophen, die anstehen, sind vorauszusehen: die Klimakatastrophe, das ungelöste Energieproblem, die Wasserknappheit in manchen Gebieten der Erde, die wachsende Kluft zwischen Arm und Reich.

Wie werdet Ihr, die Mächtigen, mit diesen Herausforderungen umgehen?

Die Quintessenz

1. Unsere menschlichen Ideen, Konzepte und Strukturen entwickeln sich evolutionär auf der Suche nach Vielfalt und Fülle. Sie streben nach einem Ausgleich der Lebenschancen in einem Fließgleichgewicht.
2. In dem Prozess der Entwicklung der Wertfelder vom Mangelfeld zum Machtfeld verhärtet sich Verhalten zur Macht. Macht ist das Privileg, nicht mehr lernen zu müssen. Machtfelder sind nicht mehr evolutionsfähig.
3. Das führt zu »regulierenden Katastrophen«, mit denen die Evolutionsfähigkeit sich wieder einstellt. Die großen Krisen und Revolutionen der Menschheit waren solche »regulierenden Katastrophen«, die wieder Bedingungen schufen, dass die Fülle und Vielfalt des Lebens sich entfalten konnte, die das Machtfeld eingeschränkt hatte.
4. Das zeigt: Der evolutionäre Entwicklungsprozess arbeitet in Schüben. Die Evolution bricht sich immer wieder Bahn. Das Spiel reguliert sich immer wieder ein.
5. Wir lernen also durch Katastrophen, nicht durch Einsicht und Vernunft, solange wir nicht anerkennen, dass die Evolution ein unaufhaltsamer Prozess ist, mit dem wir im Einklang arbeiten sollten und den wir nicht versuchen sollten aufzuhalten.

»Ich glaube behaupten zu können, dass unter zehn
Personen immer neun durch Erziehung das sind,
was sie sind, gut oder böse, der Gesellschaft schädlich
oder nützlich. Die Erziehung macht den großen
Unterschied unter den Menschen.«

John Locke (1632–1704),
englischer Philosoph

Ihr Mächtigen in der Erziehung,

Eure Ideen, wie Ihr Kinder erzieht, bilden sich in den Wertelandschaften in Euren Köpfen.

Sind es Ideologien, die Euer Erziehungsleitbild bestimmen? Oder wollt Ihr jeden Menschen so erziehen, dass er in Eigenverantwortung sein Leben anpackt, seine Probleme löst, in einer dichten Kommunikation mit anderen Menschen umgehen kann und souverän kooperiert, Nutzen bietet, sich aber nicht ausnutzen lässt, das Schwache schützt, mit seinen Ressourcen umgehen kann und eine hohe Achtung gewinnt vor dem großen Spiel des Lebens, das da gespielt wird?

Ihr Mächtigen, wird Eure Wertelandschaft von Ideologien beherrscht, wie Menschen erzogen werden sollten? Oder sind Eure höchsten Werte jene, die den Menschen fähig machen in Eigenverantwortung sich selbst zu entfalten, kreativ seine Probleme zu lösen und souverän zu kooperieren?

M. S.

8. Brief

Erziehung

Als die erste Urzelle in der Ursuppe entstand, war das Prinzip Eigenverantwortung geboren. Die Urzelle bestand aus langen Molekülketten, die sich zusammenschlossen, um »auf eigene Rechnung und Gefahr« zu überleben: die erste autonome Verantwortungseinheit.

Diese erste Zelle bildete eine Haut, mit der sie sich umgab. Das war eine Membran. Sie war durchlässig, um mit der Ursuppe Stoffwechsel zu betreiben und doch eine eigenständige Einheit zu bleiben.

Bei der Bildung der Mehrzeller lösten sich die Zellen nicht in einem Einheitsklumpen oder einem Einheitsbrei auf. Sie blieben Zelle: jede Zelle mit einer eigenen Aufgabe und einer eigenen Verantwortung im Gesamtsystem arbeitsteilig organisiert. Jede Zelle übernahm unterschiedliche Funktionen. Mehrere Zellen bildeten Organe.

Als die Evolution den Mehrzeller erfand, ging das Prinzip Zelle also nicht verloren. Das Prinzip Eigenverantwortung blieb erhalten. Aber die vielen Zellen organisierten sich arbeitsteilig.

Und was geschieht in unseren menschlichen Systemen? Wollen nicht viele den Marsch zurück in die Ursuppe? Zurück in die Verantwortungslosigkeit?

Die schrecklichsten Verbrechen der Menschheit sind immer dann geschehen, wenn man die Würde des Individuums leugnete, seine Autonomie zerstörte und Eigenverantwortung nicht wollte, um des vermeintlich »großen Ganzen« willens.

Eigenverantwortung ist die erste Kardinaltugend, die die Evolution uns lehrt.

*

Ich habe es schon geschildert, aber ich will hier noch einmal bewusst machen, mit welcher Kreativität die Evolution ihre lebensbedrohlichen Probleme gelöst hat:

Blaualgen gehören zu den ältesten Lebewesen der Welt. Sie sind Mikroorganismen, die Kohlendioxyd assimilieren und dabei Sauerstoff freisetzen. Das veränderte die Gaszusammensetzung der Erde in entscheidender Weise.

Sauerstoff war also Gift für die damalige Vegetation. Aber das Leben hat die Herausforderung kreativ gemeistert. Es machte »Erfindungen«: Mutationen. Es entstanden Pflanzen, die sich unter Sauerstoff vermehren konnten.

Damit begann überhaupt erst der große Aufstieg des Lebens und die Vielfalt, die wir heute kennen.

Auch ein anderes Beispiel kreativer Problemlösung in der Evolution will ich hier noch einmal nennen:

Als ein Meteoriteneinschlag eine gewaltige Klimaveränderung auslöste, starben die Saurier aus. Das machte den Weg frei für die Entwicklung der kleinen Säugetiere, aus denen dann auch wir Menschen entstanden sind.

Die Kreativität war wieder einmal stärker als die Katastrophe.

Wenn sich heute in der Welt etwas verändert, werden Weltuntergangsszenarien entwickelt. Aber die Veränderung ist das Natürlichste, und ihre Herausforderungen sind dazu da, kreativ gemeistert zu werden.

Deshalb ist die zweite Kardinaltugend, die uns die Evolution lehrt, Herausforderungen kreativ meistern zu können.

*

Das Singen der Vögel, das Fauchen des Schwans, der Duft der Blüten, das Schnuppern des Fuchses und das Ablecken des Löwenbabys durch die Löwenmutter: das alles sind kommunikative Prozesse. Das Leben kommuniziert über alle Sinne: Sehen, Hören, Riechen, Schmecken, Tasten. Und es kommuniziert über chemische, akustische, elektrische und visuelle Signale.

Diese hohe Dichte an Kommunikation und ihr Wert für die Entwicklung des Lebens ist die Konsequenz aus der Autonomie. Autonome Systeme müssen ihre egoistischen Interessen mit ihren Mitautonomien austarieren. Durch Kommunikation werden Kooperationen vorbereitet.

Die Natur kennt Gruppen von Individuen, die dichter miteinander kommunizieren, z. B. die Schar, die Herde, die Horde, das Rudel. Ihr Kommunikationsmittel ist in weitem Maße die Körpersprache.

Wir Menschen kommunizieren mit Tönen, Worten, Schriften, Zeichen, die heute mit technischen Apparaturen in alle Welt übertragen werden.

In jedem Wohnzimmer gibt es Milliarden und Abermilliarden von Signalen, die wir mit unseren natürlichen Sinnen nicht hören, nicht sehen und nicht spüren können. Aber man muss nur ein Handy einschalten oder ein Radio oder ein Fernsehgerät, dann kann man diese Signale aufnehmen und hörbar und sichtbar machen. Sie sind also da.

Die dritte Kardinaltugend, die sich aus dem evolutionären Spiel ergibt, ist die Fähigkeit zur Kommunikation.

*

Das Leben spielt kooperativ. Die Geschichte des Lebens ist eine Geschichte der wachsenden Kooperation. Mit dem Schritt vom Einzeller zum Mehrzeller begann Kooperation.

Kooperation ist immer eine Wertebildung auf einer höheren Ebene. Wenn zwei Menschen heiraten, bringt jeder seine Werte ein. In einer guten Ehe muss sich eine neue gemeinsame Wertebene bilden. Kooperation ist also die Suche nach gemeinsamen Werten, über die sich die zunächst autonomen Lebenseinheiten einigen und denen sie ihr Handeln unterordnen.

Wir Menschen können in unseren kooperativen Spielen drei Spielmodelle spielen:

- Das Nullsummen-Spiel: Der Verlust des einen ist der Gewinn des anderen. Summe: Null. Das ist das Räuber/Beute-Spiel.
- Das Zwei-Gewinner-Spiel: Beide gewinnen durch die Kooperation. Hier gilt dann nicht mehr $1 + 1 = 2$. Hier gilt: $1 + 1 = 3 = 4 = 5$. Das Ganze ist mehr als die Summe seiner Teile.
- Und dann gibt es noch das Zwei-Verlierer-Spiel: Zwei kooperieren. So gesehen ist auch Streit eine Form von Kooperation. Aber beide verlieren dabei.

Es gibt das Axelrod-Experiment, das im Rahmen der Spieltheorie gespielt wurde. Der kanadische Spieltheoretiker Anatol Rappoport gewann dreimal hintereinander ein Turnier des amerikanischen Politologen Robert Axelrod mit vier strategischen Regeln:

1. Ich spiele offen.
2. Ich suche immer Zwei-Gewinner-Spiele.
3. Wenn mich aber einer für zu gutmütig und zu naiv hält und ausnutzen will, schlage ich unverzüglich und hart zurück.
4. Aber ich bin nicht nachtragend. Auch dem, der versucht hat, mich auszunutzen, biete ich wieder ein Zwei-Gewinner-Spiel an.

Robert Axelrod schildert diese Turniere in seinem Buch »Die Evolution der Kooperation«. Es ist auch keine Frage der Moral, sondern der Klugheit, kooperativ zu spielen.

Die vierte Kardinaltugend, die Ihr Mächtigen in der Erziehung jungen Menschen beibringen solltet, wäre also die Fähigkeit zur Kooperation zu erhöhen.

*

Wenn der Löwe die Antilope reißt, ist das ein Nullsummen-Spiel: Der Löwe hat Futter, die Antilope verliert ihr Leben. Viele glauben, das Spiel »Fressen und Gefressen werden« sei das Spiel des Lebens überhaupt. Das stimmt nicht. Es ist nur eine Strategie auf dem Weg der Evolution.

Das Leben schützt auch das Kleine, das Schwache, die Minderheit, sonst hätte das Leben nie in dieser Fülle und Vielfalt entstehen und sich entwickeln können. Alle Anfänge sind schwach. Alle Keime sind schwach. Das Schwache ist das Werdenwollende. Das Schwache ist immer der Anfang eines großen evolutionären Spiels.

Die Urform, das Schwache zu schützen, ist die Mutter-Kind-Beziehung. Tiere hegen, pflegen und ernähren ihre Jungen, bis diese selbst überlebensfähig sind.

Die Evolution hat eine riesige Fülle von Mechanismen entwickelt, Schwaches zu schützen: Samen wird in harte Schalen eingekapselt. Eier reifen im Mutterleib aus. Vögel und Säugetiere bauen Höhlen und Nester, um ihren Jungen Schutz zu geben. Auch die kleinsten Populationen, Minderheiten, haben ihre Überlebensstrategien und ihre Überlebenschancen. Schwäche, Not, Handikaps, Schwierigkeiten, Probleme und Katastrophen waren immer Anlass und Ursache für die Entwicklung neuer Lebens- und Überlebensmöglichkeiten.

Hier liegt eine Kernursache für die Vielfalt des Lebens. Die Welt wird also doch nicht beherrscht von dem »starken, stacheligen, giftigen, kakifarbigen Stinktier«. So habe ich den amerikanischen Biologen Stephan Lackner schon an anderer Stelle zitiert.

Und ob die Menschen überlebensfähiger sind als die kleinen schwachen Bakterien, diese Frage ist noch nicht ausgestanden. Daraus ergibt sich die Kardinaltugend-Nummer 5 der Evolution: das Schwache schützen, die Minderheit zur Entfaltung bringen.

*

Kein Unternehmen dieser Erde geht ökonomischer mit seinen Ressourcen um als das »Großunternehmen Leben«: aus Exkrementen wird Humus. Das »Großunternehmen Leben« macht ständig Optimierungsrechnungen. Jede Biene optimiert ihre Traglast an Honig je nach Entfernung zu der Blüte: Mit welcher Last auf welcher Strecke hat sie den geringsten Energieverbrauch?

Wir Menschen leben völlig über unsere Verhältnisse: ökonomisch und ökologisch. Wir leben auf Kosten der Zukunft. Die teuflischste Erfindung ist der Konsumentenkredit. Hier kann man zukünftigen Besitz heute schon verbrauchen. Der Wortstamm von Kredit ist *credo* (Glaube). Der Glaube, dass man es zurückzahlen kann und zurückzahlen wird. In der Wirtschaft kann das funktionieren, wenn man das geliehene Kapital gut anlegt und seiner Rendite sicher ist.

Aber wenn die Menschen Ressourcen verschwenden, die nicht mehr erneuerbar sind, dann ist das kein Kredit, weil niemand daran glaubt, dass sie jemals zurückgezahlt werden. Dann ist das Raubbau an der Zukunft. Staatsverschuldung ist die Bankrotterklärung jeder Regierung.

Das ist dann die Kardinaltugend-Nummer 6, die sich aus der Evolution ergibt: die ökonomischen und ökologischen Ressourcen zu schonen und nur von dem zu leben, was nachhaltig erneuerbar ist.

*

Die Erde ist ein winzig kleiner Planet in einem Sonnensystem der riesigen Milchstraße. Diese Milchstraße hat 200 Milliarden Sonnensysteme, und es soll 200 Milliarden Milchstraßen geben.

Wer darüber nachdenkt und wem dann kein Schauer durch die Seele läuft, der muss schon sehr abgebrüht sein und völlig gleichgültig gegenüber dem großen Wunder der Schöpfung.

Wir haben keine Antwort. Aber wir müssen uns die Frage stellen: Wo kommt das her? Was soll es? Und wie wird es enden? Das ist die große Frage nach Ursprung, Sinn und Ziel des Seins.

Warum ist etwas? Warum ist nicht nichts? Warum war mit dem Urknall plötzlich etwas da? Warum ist das, was da ist, so vielfältig, so komplex? Warum ist es aus einfachsten Anfängen, aus wenigen Kräften und Teilchen immer komplexer geworden? Warum ist Leben entstanden, das sich selbst reproduzieren kann? Warum ist jedes Individuum einmalig? Warum ist dieses Wesen »Mensch« entstanden, das immerhin die Fähigkeit hat, die Galaxien zu erforschen und darüber nachzudenken – auch wenn es sich sie noch nicht reisend erschließen kann?

»Zwei Dinge erfüllen das Gemüt mit immer neuer und zunehmender Bewunderung und Ehrfurcht je öfter und anhaltender sich das Nachdenken damit beschäftigt: der bestirnte Himmel über mir und das moralische Gesetz in mir«, schrieb Immanuel Kant. Albert Schweitzer sprach von der »Ehrfurcht vor dem Leben«.

Das wäre die Kardinaltugend-Nummer 7, die sich aus der Betrachtung der Evolution ergibt: ahnen zu können, dass da ein ganz großes Spiel gespielt wird und Achtung vor dem großen Werk der Schöpfung mit seiner ganzen Vielfalt und Fülle zu haben.

*

Es wäre eine Schule vorstellbar, die Schüler den großen Werdeprozess der Welt, des Lebens und der Menschheit und der Erkenntnis nacherleben lässt mit allem Fehlwissen, allen Fehlwegen, ideologischen Verblendungen und den Konsequenzen in den »regulierenden Katastrophen«, die die Menschheit produziert hat.

Eine Schule, die den Schülern hilft, ihre persönliche Begabung zu entdecken und die Felder, sie in den großen Werdeprozess des Lebens einzubringen, um das Gedeihen des Lebens in Vielfalt und Fülle zu fördern, damit das Leben gelingt.

Die Quintessenz

1. Mit der ersten Urzelle war das Prinzip Eigenverantwortung in der Welt. Die erste Urzelle wollte auf eigene Rechnung und Gefahr überleben: die erste autonome Verantwortungseinheit. Aber sie kommunizierte mit dem Umfeld. Sie wollte und musste Stoffwechsel betreiben.

2. Mit der Bildung des Mehrzellers blieb die Zelle als Einheit erhalten. Aber sie wurde kooperativ. Sie ordnete sich ein in die Gesamtidee des neuen mehrzelligen Lebewesens.

3. Das Leben ist äußerst kreativ, Probleme zu meistern und Krisen zu lösen. Es ist mit der Sauerstoffkrise fertig geworden und mit den Meteoriteneinschlägen und hat jeweils Arten entwickelt, die überleben konnten. Daraus könnten die Mächtigen in der Erziehung lernen, welche Werte sollten sie vermitteln. Das Leitbild kann nur sein: der eigenverantwortlich handelnde Mensch, der kommunikativ und kooperativ Herausforderungen annimmt, seine Probleme kreativ löst und Gewinner-Spiele spielt, ohne sich ausnutzen zu lassen.

4. Und er braucht Achtung vor dem Kleinen, dem Schwachen, der Minderheit, weil hier der Keim aller Entwicklung liegt. Das ergibt sich aus der Ethik der Vielfalt und Fülle des Lebens.

5. Und wenn dann noch die Ahnung hinzukommt von dem großen Spiel des Lebens und die Bewunderung für den großen Werdeprozess der Evolution, geht es um mehr als den kleinkarierten Egoismus des eigenen Seins.

»Prinzip der Marktwirtschaft: Tust du mir was Gutes
– tu ich dir was Gutes.«

Walter Williams (*1936),
amerikanischer Wirtschaftswissenschaftler

Ihr Mächtigen der Wirtschaft,
Ihr Bosse der Unternehmen,

nach welchen Werten richtet sich Euer Handeln?

Wollt Ihr nur Rendite sehen und Gewinne machen, egal mit welchen Produkten und Leistungen, Hauptsache, sie bringen Rendite?

Oder ist Euch das Produkt, das Ihr herstellt, längst nicht gleichgültig?

Wie habt Ihr die zentrale Leistungsidee Eures Unternehmens definiert?

Wie sieht die Wertelandschaft aus, in der Eure unternehmerischen Entscheidungen entstehen?

Oder habt Ihr gar Weltverantwortung gewonnen, um mit Eurem unternehmerischen Handeln die Welt ein wenig besser zu machen, sie evolutionär weiterzuentwickeln? Dann handelt Ihr im Einklang mit dem großen evolutionären Spiel.

M. S.

Wirtschaft

Wirtschaftsbosse haben sieben Wertegipfel in ihrer Wertelandschaft, in denen sich ihre Ideen bilden, ihre Entscheidungen fallen, ihr Wirken sich entfaltet.

*

Ein Wirtschaftsboss braucht Werdewille. Das war der Gedanke des Philosophen Arthur Schopenhauer (1788–1860) in seinem Hauptwerk »Die Welt als Wille und Vorstellung«, im Kern alles Werdens den Werdewillen zu entdecken.

Diese Entdeckung machte ihn zu einem abgrundtiefen Pessimisten. Wenn alle ihren Werdewillen haben, kann es nur zu einem ungeordneten Kampf ums Dasein kommen.

So sah das Arthur Schopenhauer 1819, also 40 Jahre vor dem Erscheinen von Darwins Buch »Die Entstehung der Arten«.

*

Der Kern aller wirtschaftlichen Entwicklung ist Werdewille. Erfolgreiche Wirtschaftsbosse suchen Erfolg. Der Egoismus ist die Basis ihres Handelns. Sie wollen sich im Wettbewerb durchsetzen, wollen ihren Ideen Bedeutung und Märkte schaffen. Sie wollen aus kleinen Unternehmen große Unternehmen machen.

Der Egoismus ist eine der natürlichsten und wichtigsten

Kraftquellen wirtschaftlicher Entwicklung. Aber dieser Egoismus hat seine Grenzen im Egoismus der anderen, der Wettbewerber, die auch Erfolg haben wollen. Das kann den Kunden zugute kommen, wenn der Egoismus in einen Wettbewerb um die bessere Leistung mündet.

Eine Wirtschaft ohne Unternehmer mit Werdewillen wäre lahm. Hier liegt die Schwäche einer verwalteten Staatswirtschaft, an der alle kommunistischen Systeme bisher gescheitert sind.

*

Der zweite Gipfel in der Wertelandschaft eines Wirtschaftsbosses ist die »zentrale Leistungsidee« oder besser die »zentrale Sonderleistungsidee«.

Es gab einmal einen Autopionier, Wilhelm Maybach, der in jungen Jahren als seine zentrale Leistungsidee die Formel fand: »Ich will das beste Auto der Welt bauen«. Er hat eines der besten Autos der Welt gebaut.

Es gab einen anderen Autopionier. Er hieß Henry Ford. Er hatte eine andere zentrale Sonderleistungsidee: »Ich will das preiswerteste Auto der Welt bauen«. Er hat es gebaut. Es hieß »Modell T«. Seine zentrale Leistungsidee war der Kern einer ungeheuren Kreativität, eine rationelle Fertigung zu organisieren, die nicht nur die Kosten seiner Autos senkte, sondern mithalf, das industrielle Zeitalter mit preiswerter Massenfertigung einzuläuten.

Aber was habt Ihr heute für zentrale Sonderleistungsideen? Shareholder Value! Die Wahnsinnsidee des Alfred Rappaport, die er 1986 mit seinem Buch in eine Welt setzte, die dann nur noch eine zentrale Idee kannte: Rendite! Rendite! Rendite! Das Rendite-Ziel hat sich so verselbständigt, dass es heute Unternehmen gibt, bei denen die Bosse kaum noch wissen, welche Produkte bei ihnen gefertigt werden. Sie fragen nur noch: Was kommt dabei heraus? Das ist die Unternehmensphilosophie der Hedgefonds. Die Wirtschaftskrise von 2008/2009 ist die »regulierende Katastrophe«, die dieses Denken der Welt beschert hat.

*

Dabei hungert und schreit die Welt nach zentralen Leistungsideen, sie weiterzuentwickeln und besser zu machen.

Wo ist das Elektroauto, das den CO_2-Ausstoß fast auf Null bringt? Wo sind die Ideen, die das Energieproblem lösen und auch das kleinste Dorf in Afrika mit solarbetriebenen Pumpen versorgen, damit die Einwohner Wasser haben?

Die zentrale Leistungsidee eines Unternehmens misst sich an seinem Beitrag zur Welt-Evolution auf der Suche nach Gedeihen des Lebens in Vielfalt und Fülle. Die Vielfalt und Fülle von Entdeckungsverfahren auf der Suche nach einer besseren Welt, das ist das Maß des Werdens einer Wirtschaft. Es ist keine Frage der Unternehmensgröße, sondern der Unternehmensphilosophie.

Der Schreinermeister, der energiesparende Fenster baut, kann dadurch mithelfen die Folgen der Klimakatastrophe zu mindern oder zu verhindern. Er leistet mehr als der Boss eines Energiekonzerns, der sein Energiekartell schamlos ausnutzt, um seine Rendite und den Wert seiner Aktien zu steigern.

*

Der dritte Wertegipfel in der Wertelandschaft eines Unternehmensführers ist das »evolutionäre Produkt-Portfolio«. Kein Produkt währt ewig. Die Produktwelt ist ein evolutionäres Geschehen. Das muss in jedem Unternehmen begriffen sein.

Wie viele innovative Produkte sind in der Vorbereitung? Alle Innovationen kennen eine Floprate: Ideen, aus denen nichts wird. Das ist der natürliche Selektionsprozess, den die Evolution uns vormacht. Die Zahl der Misserfolge bei innovativen Produkten kann bis zu 90 Prozent betragen.

Weil das so ist, lehrt uns die Evolution, ist es umso wichtiger die »Mutationsrate« zu erhöhen. Die Wahrscheinlichkeit, ein erfolgreiches Produkt zu finden, wächst mit der Häufigkeit der Versuche.

*

Der vierte Wertegipfel ist die Markt-Kommunikation. Das, was man Werbung, Marketing, Verkauf nennt. Hier ist der Schwachsinn an Desinformation nicht zu überbieten.

Milliarden werden ausgegeben, damit Werbeagenturen verrückte Spots in die Welt setzen, bei denen es nur um Aufmerksamkeit geht, bei denen die Frage »Was ist die Botschaft?« nicht beantwortet werden kann.

Dabei gibt es evolutionär betrachtet nur eine Botschaft: Wie entwickelt dieses neue Produkt die Welt weiter? Wie macht es die Welt ein wenig besser, ein wenig sauberer, ein wenig energiesparender? Hinter jeder guten Werbung muss immer eine Produktbotschaft stecken, eine technische Idee oder eine Dienstleistung.

*

Der fünfte Wertegipfel in der Wertelandschaft einer Führungskraft ist die Entwicklung der Begabung ihrer Mitarbeiter. Die Begabung verkümmert und verkommt in vielen Unternehmen, weil Mitarbeiter sich nicht entfalten können. Sie machen Dienst nach Vorschrift und suchen ihre Entfaltungserfolge dann in ihren Hobbys.

Hier widerspricht das evolutionäre Prinzip, dass Leben

sich in Vielfalt und Fülle entfalten will, dem Dominanzprinzip auf der Suche nach Vereinheitlichung und damit vermeintlicher Rationalität.

Vereinheitlichung erhöht die Effektivität, aber auch das Risiko, weil vereinheitlichte Systeme sich sehr viel schwieriger und schwerfälliger bei Veränderungen anpassen, die von außen kommen. Das wiederum endet in schubartigen Veränderungen, also »regulierenden Katastrophen«.

*

Der sechste Wertegipfel in der Wertelandschaft einer Führungskraft sollte die finanzielle Solidität sein. Aber die Finanzkrise von 2008/2009 hat uns allen gezeigt, mit welchem bodenlosen Leichtsinn auch große Bosse dieses banale Prinzip der finanziellen Solidität außer Kraft zu setzen glauben. Da wurden Bilanzen mit abenteuerlichen Bewertungen aufgebauscht. Da wurden Blasen erzeugt, die dann platzten.

Dabei gibt es in der Lehre der Unternehmensführung und der Betriebswirtschaftslehre Instrumente genug, um finanzielle Solidität zu erreichen, von den Bewertungsmaßstäben über Kostenrechnung bis hin zum Profit-Center-Denken, also der Bildung von eigenständigen Geschäftseinheiten, die »auf eigene Rechnung und Gefahr« überleben müssen, die das Großsystem stochastisch absichern. Wenn ein Profit-Center notleidend wird, ist das Gesamtunternehmen noch lange nicht in Gefahr.

Warum bildet ein Baum Äste? Warum hat der Lebensbaum Arten entwickelt? Wenn Arten aussterben, ist das Leben nicht bedroht. Wenn ein Ast an einem Baum verdorrt, übernehmen andere Äste die Lücke, die er hinterlässt. Der Baum wächst weiter.

Das evolutionäre Prinzip, Lebensrisiken abzuschotten, hat die Wirtschaft bisher nicht begriffen. Nur so passieren diese Dominoeffekte. Ein Steinchen fällt, und in einer Kettenreaktion bricht das gesamte System zusammen.

*

Der siebte Wertegipfel in der Wertelandschaft einer Führungskraft ist das Prinzip Zukunft.

Der Quartalsgewinn sichert dem Unternehmen noch keine Zukunft und auch nicht die Jahresbilanz. Es ist der Gipfel der Absurdität, Boni und Gehälter für kurzfristige Gewinne zu kassieren. Zukunft wird immer nur durch Investitionen in die Zukunft gewonnen, durch die Entwicklung neuer Ideen im Einklang mit der Weltentwicklung, der Welt-Evolution, bei denen aber niemand garantieren kann, ob sie denn Erfolg haben werden.

Die Pioniere der Industrialisierung entwickelten Ideen, die zukunftsträchtig waren, obwohl phantasielose Menschen sie auslachten.

Als Karl Benz die Idee hatte, einen Karren zu entwickeln, der ohne Pferde an der Deichsel durch die Straßen fahren sollte, glaubten nur ganz wenige, dass das Zukunft haben könne. Es gibt den Satz von Kaiser Wilhelm II., als man ihm das erste Auto vorführte: »Der Motorkarren ist eine vorübergehende Erscheinung – ich setze auf das Pferd.«

*

Wirtschaftsbosse sind Schlüsselfiguren für die Evolution des Lebens und der Menschheit. Ihr Wert misst sich daran, inwieweit sie dem Gedeihen des Lebens in Vielfalt und Fülle dienen oder nicht. Dieses Ziel lässt sich konkretisieren in den geschilderten sieben Wertegipfeln in der Wertelandschaft eines Wirtschaftsbosses. Das gilt für den Handwerksmeister genauso wie für den Konzernchef.

117

Da werden von Managerzeitschriften Manager des Jahres gewählt. Nach welchen Kriterien eigentlich? Das interessanteste Kriterium scheint mir zu sein: Welchen Beitrag leistet eine Führungskraft in der Wirtschaft dem evolutionären Großauftrag, den wir Menschen haben – das Gedeihen des Lebens in Vielfalt und Fülle zu fördern?

Die Quintessenz

1. Wohin geht der Werdewille der Wirtschaftsbosse? Geht es ihnen nur um Rendite, Shareholder Value – oder was sonst ist der Kern ihrer zentralen Leistungsidee? Wollen sie mit ihren Produkten und Leistungen die Welt ein wenig besser machen, oder bauen sie Landminen oder Streubomben, mit denen Kindern nachher die Beine abgerissen werden?
2. Sind die Leistungen der Wirtschaftsbosse ein Beitrag zur Welt-Evolution oder ein Beitrag dazu, die Welt in die nächste regulierende Katastrophe zu treiben?
3. Ist das Produkt-Portfolio evolutionär, das heißt, entwickelt es sich im Sinne des evolutionären Weltprozesses weiter?
4. Ist das Unternehmen kommunikativ? Vor allem: Entfaltet es die Begabungen der Mitarbeiter? Denn die sind das größte Potential des Unternehmens. Wie viel Spielraum haben sie, ihre Talente im Sinne der Unternehmensziele zu entfalten?
5. Sie ist ein altmodischer und konservativer Wert, die finanzielle Solidität. Letztlich kommt keiner aus dem ökonomischen Grundgesetz heraus. Die Dinge müssen sich rechnen. Ein Instrument dazu ist die Bildung von eigenständigen Geschäftseinheiten, sogenannten Profit-Centers, die das System absichern. Wenn ein Ast an einem Baum verdorrt, stirbt der Baum noch nicht.

»Ob wir mitwirken oder nur zusehen oder wegsehen
wollen, ob wir Rollen spielen, Statisten sind oder uns
für Souffleure halten – die Politik ist unser Schicksal.«

Marcel Reich-Ranicki (*1920),
deutscher Literaturkritiker und Publizist

Ihr Mächtigen in der Politik,

Euch ist zunächst einmal zu wünschen, dass Ihr Eure Macht und Eure Möglichkeiten nicht überschätzt.

Der evolutionäre Prozess der Weltentwicklung läuft ohne Euer Zutun.

Ihr könnt nur sensibel beobachten und erspüren, wo sich Mangelfelder auftun und fördern, dass daraus Ideen- und Meinungsfelder werden, durch die die Probleme gesehen und gelöst werden.

Das führt zum politischen Konzept des »Evolutionären Pragmatismus«. Es verhindert, dass Strukturen, die nicht mehr lernfähig sind, sich verhärten.

Die beste Politik ist ein großes Lernverfahren auf der Suche nach dem Gedeihen des Lebens in Vielfalt und Fülle.

M. S.

Politik

Etwa 900 nach Christi regierten Karl der Kahle, Karl der Dicke und Karl der Einfältige. Sie waren Nachfahren Karls des Großen und nannten sich Könige von Gottes Gnaden. Ihre Namen stehen in den Geschichtsbüchern. Was haben sie bewirkt, um die Welt weiterzubringen? Zu dieser Zeit herrschten Hungersnöte. Konnten sie die beseitigen? Nein.

Entweder war es ein kleiner Dorfschmied oder ein Bauer, der eine geniale Idee hatte: Er erfand den Wendepflug, mit dem der Humus des letzten Jahres nach unten gedreht und so zum Dünger wurde. Bis dahin hatte man die Erde nur oberflächlich aufgekratzt. Der Wendepflug erhöhte die Ernten und minderte den Hunger.

Zur gleichen Zeit hatte ein anderer – vermutlich ein Landwirt – eine zweite entscheidende Idee: Er erfand die Dreifelderwirtschaft. Er ließ im Rhythmus von drei Jahren immer ein Jahr ein Feld brach liegen, damit es sich erholen konnte. Auch das erhöhte die Erntemenge.

Nur: Diese beiden Erfinder stehen nicht im Geschichtsbuch. Ihre Namen kennt man nicht. Ihre Ideen werden in einer Fußnote vermerkt. Ist der Prozess der Welt-Evolution nicht ein ganz anderer als das, was die Historiker uns weismachen wollen?

*

In den Sechziger Jahren des letzten Jahrhunderts begann ein amerikanischer Spediteur, Malcolm Purcell McLean, zusammen mit seinem Freund, dem Tüftler Tantlinger, mit einer Kiste zu experimentieren, in die man Ware verladen könne. Die Kiste sollte nicht umgeladen werden müssen, wenn man von einem Lkw auf den nächsten wechselte oder vom Lkw auf ein Schiff. Die beiden wurden erst einmal verlacht. Aber das war eine entscheidende Idee: die Erfindung des Containers.

Die Konsequenzen sind dramatisch. Bis dahin machten die Transportkosten für Waren, die über die Welt transportiert wurden, im Schnitt ca. 25 Prozent des Warenwertes aus. Der Container senkte sie auf 3,5 Prozent.

*

Ihr Mächtigen sprecht von Globalisierung und tut so, als ob es ein politisches Spiel sei. Der Container hat mehr zur Globalisierung der Warenflüsse über die Welt beigetragen als alle Eure politischen Entscheidungen zusammen.

Was kann denn Eure Politik? Sie kann furchtbar viel Unheil anrichten und hat das auch kräftig in der Geschichte der Menschheit getan. Wie viele Tote, wie viele Krüppel, wie viele Witwen und Waisenkinder habt Ihr nach Euren Kriegen in Elend zurückgelassen, bei denen es oft nur darum ging, Eure Machtbereiche auszuweiten oder Eure politischen Ideen gegen das Leben durchzusetzen?

Ihr habt Eure Machtgier und Eure Mordgelüste dann, nachdem Darwins Theorie da war, auch noch evolutionstheoretisch begründet: »Der Stärkste überlebt«; »Der Kampf ums Dasein«; »Fressen oder Gefressenwerden« – die Grundformel des Lebens.

Selbst den Begriff für eines der grausamsten Verbrechen der Menschheitsgeschichte, den Holocaust, habt Ihr aus der Sprachwelt von Darwins Evolutionstheorie genommen: die Auswahl der Todeskandidaten in Auschwitz auf der Rampe habt Ihr »Selektion« genannt.

Aber das »Fressen und Gefressenwerden« – zum Teufel – ist ja gar nicht der große politische Werdeprozess, in dem Ihr mitspielt oder mitspielen wollt.

Da sind in der Natur, wie auch bei den Menschen, die unendlich vielen Werdewillen und Egoismen, die leben und überleben wollen und ihre Lebenschancen suchen: der Werdewille und die Kreativität, um sich durchsetzen zu wollen und Lebenserfolg zu haben. Je dichter diese Überlebenskreativität, umso eher entwickelt sich Leben.

Aber die einzelnen Egoismen müssen ihre Grenzen finden, wo es um das Lebensrecht des anderen geht. Und hier beginnt Eure Aufgabe in der Politik.

*

Als sich der Manchester-Kapitalismus in der Gründerzeit ungehemmt entfaltete, hinterließ er eine Spur von Elend: Kinderarbeit, unmenschliche Arbeitszeiten und Arbeitsbedingungen, Hungerlöhne, Ausbeutung – alles Probleme, die er selbst nicht lösen konnte.

Es bildete sich ein Mangelfeld, in dem diese Not nach Lösungen schrie. Mangelfelder gebären Ideenfelder, wie die Not zu lösen sei. Die Ideen reichten von Konsumgenossenschaften bis zur Diktatur des Proletariats. Wir kennen die Geschichte. Aus Ideen wurden Meinungen und eine politische Bewegung: die Sozialdemokratie und der Sozialismus. In diesen Wertfeldern bilden sich Kristallisationsfiguren und Organisationsstrukturen. Die Gegenbewegung gewinnt Macht.

Das ist dann Eure pragmatische Aufgabe, dass das Problem gelöst wird. Nur wenn Ihr dann aus einem Strukturfeld wieder ein Machtfeld macht, das selbst nicht mehr evolutionsfähig ist, gebiert dies wieder Mangelfelder und löst Gegenbewegungen aus. Hier zeigen sich Maß und Klugheit des politischen Spiels – oder auch nicht.

Als Willy Brandt mit dem Satz »Wir müssen den blauen Himmel über der Ruhr wieder herstellen« zum ersten Mal bewusst machte, dass die Industrialisierung ohne ökologisches Gewissen gefährlich ist, war ein Mangelfeld artikuliert, das zur ökologischen Bewegung hinführte: der Partei der Grünen. Der ganze Feldprozess, wie ich ihn im 6. Brief geschildert habe, lief auch hier wieder ab.

Wenn heute unsere Fabriken Entschwefelungsanlagen haben, das Rheinwasser wieder sauberer geworden ist, die Fischbestände gewachsen und unsere Autos mit Katalysatoren ausgerüstet sind, dann sind das Folgen dieses politischen Prozesses, den wir klugen Politikern verdanken, aber auch klugen Wählern, die ein Gespür dafür haben, wo sich Gefahren, Probleme und Mängel bilden und ihre Stimme jenen geben, die Ideen haben, diese Probleme zu lösen.

*

Hier liegt die tiefste evolutionstheoretische Begründung der Demokratie mit Meinungsfreiheit, Organisationsfreiheit, Freiheit der Bildung von Strukturen, die sich eines Problems annehmen.

Hier liegt aber auch die Begründung einer offenen Gesellschaft und einer Marktwirtschaft, die die Kreativität, die aus der Freiheit der Meinungen, der Ideen, der Märkte entsteht, nutzt oder sie politisch so einreguliert, dass das Gedeihen des Lebens in Vielfalt und Fülle erhalten und gesichert wird.

*

Aber es gibt die Ideologen unter Euch Mächtigen in der Politik, die wissen, wie die Menschen zu leben haben. Sie wollen politische Systeme schaffen, die diese ihre Lebensstilvorstellungen durchsetzen. Das ist anti-evolutionär.

Die Evolution ist ein riesiges Versuchslabor auf der Suche nach Überlebensstrategien, Ideen und Konzepten. Gerade in dieser Vielfalt liegt ihre Kraft. Je kreativer die Welt nach dem Gedeihen des Lebens in Vielfalt und Fülle sucht, umso mehr Lebenschancen bieten sich ihr. Hier liegt auch die Begründung für den Schutz des Kleinen, des Schwachen, der Minderheit, der Ideen, der Keime, der Anfänge.

*

Ich muss gestehen, ich kann mit den politischen Begriffen, wie links und rechts, liberal, neoliberal, sozialistisch nichts anfangen.

Meine Konsequenz, die ich aus der Betrachtung des großen evolutionären Spiels ableite, ist das Konzept des evolutionären Pragmatismus.

Ich wünsche mir politische Kräfte, die rechtzeitig erkennen, wo sich Mangel- und Kümmerfelder bilden und Ideen gewinnen, diese anzupacken und zu beseitigen, zu Meinungen verdichten und in politische Versuche einmünden lassen, um Verhalten und Strukturen zu bilden, die das Problem lösen, aber Verhärtungen dieser Strukturen nicht zulassen, weil das wieder anti-evolutionär wäre.

*

Die erste Aufgabe ist immer: Das Problem muss gelöst werden. Die Kuh muss vom Eis. Das ist der Pragmatismus des politischen Handelns. Aber dann muss darüber nachgedacht werden: Wie kann man ein System schaffen, dass keine Kuh mehr aufs Eis gerät, dass diese Gefahr auf Dauer gebannt ist? Das wäre der evolutionäre Schritt, der das Problem endgültig löst.

*

»Macht ist das Privileg, nicht lernen zu müssen.« Das ist einer der klügsten Sätze, die ich kenne. Er stammt von dem Historiker Ernst Deutsch.

Und wenn die Evolution ein einziger riesiger Lernprozess ist, dann ist jeder Dogmatismus und jede Ideologie anti-evolutionär.

*

Die »Denkschule Evolution« führt also geradewegs zum politischen Konzept des evolutionären Pragmatismus. Hier entwickeln die politisch handelnden Kräfte eine starke Sensibilität für sich anbahnende Gefahren und Mangelfelder, eine starke Kreativität, Ideen zu suchen, sie zu lösen und den zupackenden Pragmatismus des Handelns, damit Entfaltungshemmungen gelöst werden und ein Gleichgewicht der Lebenschancen entsteht. Damit die Evolution der Gesellschaft sich »von unten« kraftvoll und kreativ vollziehen kann.

*

Die politische Wertelandschaft muss in Wertebenen strukturiert werden, in denen die politischen Selektionsprozesse stattfinden.

Als höchste Wertebene sehe ich die ökologische an. Sie sichert die Nachhaltigkeit unserer Lebensgrundlagen. Sie basiert auf langfristigen Wertentscheidungen. Wir wissen, dass CO_2 unser Klima verändert und damit unsere gesamten Lebensgrundlagen. Die Reduzierung des CO_2-Gehalts ist eine politische Aufgabe, über die nicht mehr diskutiert werden kann. Sie hat Priorität, schon allein deshalb, weil die Auswirkungen so langfristig sind.

*

Die nächste Ebene ist die soziale Ebene: das Wohlergehen und das Zusammenleben der Menschen zu organisieren, dass sozialer Friede herrscht. Das ist ein so hoher Wert, dass wirtschaftliche Entscheidungen sich dem unterordnen müssen.

Das lässt sich am Beispiel »Mindestlohn« demonstrieren. Ein Mensch, der voll arbeitet, muss von dem Lohn dieser Arbeit leben können und muss mehr haben als der Sozialhilfeempfänger. Das ist ein sozial hoher Wert, den der Gesetzgeber durchsetzen muss. Dieser Wert ist Teil der sozialen Wertelandschaft unserer Gesellschaft und wird damit Bestandteil der Wertelandschaft der Unternehmen, in denen und mit denen sie arbeiten müssen.

Der Unternehmer hat dieses soziale Faktum zu akzeptieren. Es muss seine evolutionäre Kreativität herausfordern, diesen Mindestlohn zahlen zu können und trotzdem sein Unternehmen erfolgreich zu führen und seine Existenz zu sichern.

Die soziale Wertebene liegt höher als die ökonomische. Die soziale Wertebene selektiert die Kreativität und die Entscheidungen in der ökonomischen Wertebene.

*

Viel Unheil und viel Unsinn in der Politik haben ihre Ursache in der Vermischung der Wertebenen.

Die Höhe der Wertebenen entscheidet, welche Ideen und Möglichkeiten im politischen Gestaltungsprozess selektiert werden.

Diese Analyse der Wertebenen zeigt, dass sich wirtschaftliche Ideen und Entscheidungen den sozialen Ideen und Entscheidungen unterzuordnen haben und die sozialen Ideen und Entscheidungen wiederum der höchsten Wertebene der langfristigen Erhaltung unserer Lebensgrundlagen.

Das ist also die Hierarchie der Wertebenen:
1. die ökologische
2. die soziale
3. die wirtschaftliche.

*

Die höchste Form der Kreativität im evolutionären Spiel läge darin, Probleme und Widersprüche, die sich aus den verschiedenen Wertebenen ergeben, kreativ zu überwinden.

Das wäre dann der Unternehmer, der die soziale Forderung nach dem Mindestlohn deshalb erfüllen kann und trotzdem erfolgreich arbeitet, weil er mit effektiveren Arbeitsmethoden die Produktivität seiner Mitarbeiter erhöhen konnte. Das entspricht dem evolutionären Spiel, in der gegebenen Wertelandschaft Überlebenskreativität zu entwickeln. Die Wertelandschaft der Unternehmer gibt die Politik vor. Die Ideen, in dieser Wertelandschaft zu überleben, entwickeln die Unternehmer.

*

Als die Verpackungsverordnung mit dem Grünen Punkt eingeführt wurde, schimpften die Unternehmer erst einmal nur, dass das alles nicht realisierbar wäre. Als diese Motzphase vorbei war, begann die Kreativphase: Wie können wir unser Verpackungssystem jetzt effektiv gestalten? Dies führte zu neuen Lösungen, die besser waren als vorher.

Die Konsequenz für die Politik lautet: Politiker sind dazu da, die politische und soziale Wertelandschaft so zu setzen, wie sie sie für richtig halten, den sozialen Frieden zu sichern und die Entfaltungschancen der Menschen zu erhöhen.

Es ist Aufgabe der Wirtschaft, mit diesen von der Politik gesetzten Rahmenbedingungen zu leben und kreative Lösungen zu finden, um wirtschaftlich erfolgreich zu arbeiten. Das sind unterschiedliche Ebenen, die auseinanderzuhalten sind.

*

Hier liegt der Kern der politischen Führungsintelligenz und Verantwortung. Das ist eine Absage an alle Ideologien. Ideologien verabsolutieren ein Prinzip. Aus freiheitlich liberal wird Liberalismus. Aus sozial wird Sozialismus. Aus national wird Nationalismus.

Das geht immer auf Kosten der Vielfalt der Lebensentwürfe und -strategien, wenn Prinzipien verabsolutiert werden.

Alle Versuche, politisch dominante Großsysteme zu installieren, sind in der Geschichte misslungen. Wenn ihre Dominanz zu mächtig wurde, sind sie zusammengebrochen, weil sich Gegenkräfte gebildet haben.

Die dominante Macht von Adel und Klerus ließ die Gegenkraft stark werden, die zur französischen Revolution führte. In der Zeit des schlimmsten Absolutismus wuchsen die Gegenideen, wie z. B. die Montesquieusche Idee der Gewaltenteilung oder die Rousseausche Idee des Verfassungsstaates.

Hitlers wachsende Macht schweißte die Alliierten zusammen, obwohl Amerika und Russland zwei völlig verschiedene politische Systeme hatten.

Ich habe es schon gesagt: Hitler ist doch nicht an seiner mangelnden Führungsfähigkeit gescheitert oder an seinem mangelnden politischen Talent. Beides war gewaltig – leider. Er ist an seinen falschen Wertvorstellungen gescheitert, nämlich Macht und Dominanz als höchsten politischen Wert zu setzen, statt das Gedeihen des Lebens in Vielfalt zu fördern.

Der Kommunismus, von dem viele geglaubt haben, er würde einmal die ganze Welt beherrschen, Führungsziel Weltrevolution, ist zusammengebrochen, weil er zu dominant wurde und keine Vielfalt des Denkens, der Lebenskonzepte und Lebensstile mehr zugelassen hat.

Deshalb heißen in der Begriffswelt der »Denkschule Evolution« diese Zusammenbrüche »regulierende Katastrophen«. Es sind Katastrophen – oft schreckliche wie der Zweite Weltkrieg. Aber sie sind regulierend, weil sie wieder Bedingungen schaffen, in denen Vielfalt gedeihen kann.

*

Wir sind uns zu wenig bewusst, dass der Fall der Mauer eine der ersten Großrevolutionen in der Menschheitsgeschichte überhaupt war, die völlig unblutig verlief, weil die politischen Führungskräfte zu jener Zeit auf allen Seiten einsichtig genug waren, dass diese Prozesse evolutionär nicht aufzuhalten waren.

*

In den Geschichtsbüchern wird häufig der Untergang von Großreichen als historische Katastrophe bedauert.

Ich erinnere hier noch einmal bewusst an Oswald Spengler, der den Untergang des Abendlandes vorausgesagt hat. Wir leben heute in diesem untergegangenen »Spenglerschen Abendland«. Es ist unser Vereinigtes Europa, eine Friedens- und Gedeihenszone, wie man sie sich noch bis Mitte des letzten Jahrhunderts in kühnsten Träumen nicht hätte ausmalen können: ein Europa des Gedeihens des Lebens in Vielfalt und Fülle, wie es dem evolutionären Anspruch entspricht.

Die Quintessenz

1. Die Mächtigen in Gesellschaft und Politik glauben zwar, dass sie den evolutionären Prozess am stärksten weitertreiben. Aber das ist nicht so. Technische, wirtschaftliche, organisatorische Ideen von meist unbekannten Menschen beeinflussen den evolutionären Entwicklungsprozess mehr, als sie selbst es geahnt haben.
2. Die Mächtigen in Politik und Gesellschaft haben durch ihre Machtpolitik viel Unheil angerichtet und Elend über die Welt gebracht. Das haben sie zum Teil auch noch evolutionstheoretisch begründet mit »Der Stärkste überlebt«.
3. Politik vollzieht sich in Wertfeldern. Mangelfelder schaffen politische Ideen, wie sie beseitigt werden könnten. Die verdichten sich zu politischen Meinungen, werden zu Versuchen und führen zum Verhalten.
4. Immer dann, wenn sich Verhaltensfelder zu Machtfeldern verhärten, die nicht mehr evolutionsfähig sind – und das geschieht durch Ideologien – werden sie lebensfeindlich. Sie verhindern den notwendigen Anpassungsprozess und führen in die »regulierende Katastrophe«. Je weicher und flexibler das politische Spiel Probleme löst, Mängel beseitigt und Gefahren verhindert, umso mehr dient es dem Gedeihen des Lebens in Vielfalt und Fülle.
5. Dieses Denken führt zum politischen Konzept des evolutionären Pragmatismus, bei dem die politisch handelnden Kräfte eine starke Sensibilität für sich anbahnende Gefahren und Mangelfelder entwickeln und eine starke Kreativität, pragmatische Entfaltungshemmungen zu lösen und wieder ein Gleichgewicht der Lebenschancen herzustellen, damit sich die Evolution der Gesellschaft »von unten« kraftvoll und kreativ vollzieht.

»Wenn die Kultur ausartet, geht sie in eine weit bösartigere
Verderbnis über, als die Barbarei je erfahren kann.«

Friedrich Schiller (1759–1805),
deutscher Dichter

Ihr Mächtigen in den großen Wertfeldern der Kulturen,

spürt Ihr, dass Eure Kulturen relativ sind, dass niemand die absolute Wahrheit hat?

Und dass eine Vielfalt der Kulturen, die friedlich miteinander leben, die Welt reicher und schöner macht?

Wenn man sich in einem Gedankenexperiment vorstellt, dass alle Werke, die die Kulturen geschaffen haben – die Bauwerke, die Kunstwerke der bildenden Kunst, der Musik, der Literatur –, aus der Welt verschwänden, mein Gott, was wäre die Welt dann arm.

Die Fülle und Vielfalt der Werke der Kulturen hat die Welt so reich gemacht.

Aber Vielfalt braucht Toleranz und gegenseitige Wertschätzung und Duldung.

Lasst Eure Kultur sich evolutionär entwickeln, aber akzeptiert, dass es auch andere Kulturen gibt, die ihren Wert und ihr Lebensrecht haben.

M. S.

Kulturen

Samuel Huntington hat in seinem Buch »Kampf der Kulturen« sieben große zeitgenössische Kulturkreise in der Wertelandschaft der Welt ausgemacht:

1. Der sinische. Das ist einer der ältesten Kulturkreise: der chinesische.
2. Der japanische.
3. Der hinduistische auf dem indischen Subkontinent.
4. Der islamische.
5. Der westliche mit den Regionen Europa, Nordamerika.
6. Der lateinamerikanische.
7. Der afrikanische.

Kulturen sind Großwertfelder. Aber da wir laut Huntington sieben Kulturen haben, sind ihre Werte relativ.

Wenn Kulturen ihren Werten Absolutheitsanspruch geben, werden sie intolerant. Kulturen haben in der Geschichte oft versucht, ihre Werte »mit Feuer und Schwert« durchzusetzen. Sie haben Kreuzzüge veranstaltet und heilige Kriege angezettelt.

Die schlimmste Folge intoleranter Kulturen sind die Selbstmordattentäter, jene jungen Menschen, denen man den Himmel verspricht, wenn sie sich eine Bombe um den Bauch binden und sich und andere in die Luft sprengen.

Diejenigen, die ihnen den Himmel versprechen, haben wohl keine Sehnsucht nach diesem Himmel, denn sie überleben. Sie werden selbst nicht zu Selbstmordattentätern.

Was ist Kultur?

Das Lexikon schreibt: »Gesamtheit der typischen Lebensformen größerer Menschengruppen einschließlich ihrer geistigen Aktivitäten, besonders der Werteinstellungen. Kultur gilt im weitesten Sinn als Inbegriff für all das, was der Mensch geschaffen hat, im Unterschied zum Naturgegebenen … Im engeren Sinn bezeichnet Kultur alle Bereiche der menschlichen Bildung im Umkreis von Erkenntnis, Wissensvermittlung, ethischen und ästhetischen Bedürfnissen.«

Diese Definition zeigt, dass es verschiedene Kulturen gibt, »größere Menschengruppen, die jeweils ihre typischen Lebensformen und Werteinstellungen haben«.

Kulturen sind also relativ. Sie haben kein Recht, ihre Lebensformen und Werteinstellungen als absolut gültig zu erklären. Sie können für ihre Lebensformen und Werteinstellungen werben. Aber wenn sie sie kämpferisch und aggressiv durchsetzen wollen, werden sie lebensfeindlich.

*

Kulturen im Sinne dieses Buches sind also Großwertfelder. Früher waren sie regional abgegrenzt. Die Globalisierung hat die Grenzen unscharf gemacht. Es haben sich kleine Herrschaftsräume gebildet, z. B. islamische Ghettos in den Städten. Die Vermischung ist voll im Gange.

Kulturen sind historisch gewachsene Wertvorstellungen, die im Glauben und im Lebensstil das Verhalten von Menschengruppen beherrschen oder zumindest beeinflussen. Sie sind von Generation zu Generation weitergegeben worden. Sie leben durch »Ansteckung«. Man fügt sich in Glaubensgemeinschaften und Lebensstile ein und lässt sich bewusst oder unbewusst von den Verhaltensweisen der anderen im gleichen Lebenskreis beeinflussen.

Die Geschichte der Menschheit ist eine Geschichte ihrer Kulturen. Deshalb seid Ihr Kulturmächtigen immer einflussreicher gewesen, als Ihr selbst oft gewusst habt – und seid es noch heute.

Das ganze Instrumentarium der Wertfeldstabilisatoren wirkt sich in den Kulturen über die Symbole, Legenden, Konventionen, Bildung von Tabus aus.

*

Kulturen haben wie Religionen eine Tendenz zum Absolutismus. Hier sieht auch Huntington die Wurzel und Ursache eines »Kampfes der Kulturen«. Manche Erscheinungen unserer Zeit, wie Intoleranz, Terrorismus, die Bekämpfung der Religionsfreiheit, sind Auswüchse dieses Denkens.

*

Die Kulturen haben aber auch unendlich viel Wunderbares geschaffen. Wenn man sich in einem Gedankenexperiment vorstellt, aus dem Bestand der Menschheit alle jene Werke in der Musik, der bildenden Kunst, der Architektur herauszuholen, die wir den großen Kulturen verdanken, wäre das eine armselige Welt.

*

Hier liegt jetzt die Verantwortung von Euch Mächtigen in den Kulturen: Treibt Ihr es zum Kampf der Kulturen oder fördert Ihr die Konvergenz der Kulturen? Hier scheiden sich die Geister.

Ist für Euch Kultur ein Machtmittel, mit dem Ihr Menschen disziplinieren wollt, oder ist Kultur ein wertvoller, historisch gewachsener Besitzstand, der sich aber evolutionär weiterentwickeln und in Toleranz mit anderen Kulturen leben will und kann, ohne seine eigene Identität aufzugeben?

Hier geht es jetzt um die Abgrenzung zur Ethik. Kulturen haben auch Ethiken geschaffen, vor allem aus ihrer religiösen Substanz heraus.

Aber da bleibt die Frage: Gibt es oberhalb des Wertehorizonts der Kulturen in der Wertelandschaft des Lebens einen letzten großen universellen Horizont mit einem Wertegipfel, der einen universellen Wert kennt, der sich aus dem großen Geschehen des Lebens ableiten lässt?

Ich habe ihn schon genannt: das Gedeihen des Lebens in Vielfalt und Fülle. Das ist der Maßstab, an dem sich auch die Kulturen messen lassen müssen. Dienen sie dem Gedeihen des Lebens in Vielfalt und Fülle, oder stören und zerstören sie dieses Gedeihen?

*

Ihr Mächtigen in den Kulturen habt in der Geschichte der Menschheit »regulierende Katastrophen« produziert, weil Ihr Eurer Kultur eine Dominanz geben wolltet, die das evolutionäre Spiel auf Dauer nicht duldet.

Die Quintessenz

1. Laut Samuel Huntington haben wir es mit sieben großen Kulturkreisen auf dieser Erde zu tun. Es sind die großen Wertfelder, die Glauben, Lebensstile und Verhalten von Menschengruppen beherrschen oder zumindest beeinflussen.
2. Die Kulturen haben viel Wunderbares geschaffen. Wenn man sich in einem Gedankenexperiment vorstellen würde, dass aus dem Bestand der Menschheit alle jene Werke der Musik, der bildenden Kunst, der Architektur herausgeholt würden, die wir den großen Kulturen verdanken, dann hätten wir eine armselige Welt.
3. Aber auch viele Verbrechen der Menschheit haben ihre Wurzeln in den Kulturen: Kriege, Morde, Intoleranz, Unheil, das wir den Absolutheitsansprüchen und dem Fanatismus der Kulturen verdanken.
4. Hier liegt die Verantwortung der Mächtigen in den Kulturen. Treiben sie es zum Kampf der Kulturen oder zur Konvergenz der Kulturen? Oder können Kulturen in Toleranz miteinander leben, ohne dass sie ihre eigene Identität aufgeben müssen?
5. Die Mächtigen der Kulturen müssen sich eine Frage stellen: Gibt es oberhalb der kulturellen Wertebene ein ethisches Grundgesetz, einen kategorischen Imperativ, und wo nimmt der seine Begründung her?

»Ethik ist ins Grenzenlose erweiterte Verantwortung
gegen alles, was lebt.«

Albert Schweitzer (1875–1965),
Arzt und Nobelpreisträger

Ihr Mächtigen der höchsten Wertebene,

Ihr glaubt, die höchste Wertebene seien die Religionen. Ihr macht Euch anheischig, Ursprung, Sinn und Ziel des Seins erklären zu können.

Die Offenbarungsreligionen berufen sich auf ihre heiligen Bücher und ihre Traditionen und halten diese für absolut.

Aber aus dem Evolutionsgeschehen erschließt sich das nicht. Aus ihm lässt sich ein höchster Wert ableiten: das Gedeihen des Lebens in Vielfalt und Fülle.

Daraus ergibt sich das absolute Postulat, das Gedeihen des Lebens in Vielfalt und Fülle zu fördern.

In der Vielfalt liegt die Begründung der Toleranz für das Kleine, das Schwache, die Minderheit, für das, was sich noch entfalten will.

M. S.

12. Brief

Ethik

Was ist Ethik? Das Lexikon schreibt: »die philosophische Wissenschaft vom Sittlichen. Sie sucht Antworten auf die Frage: ›Was sollen wir tun?‹. Gegenstände ihrer Betrachtung sind die menschlichen Handlungen, die Gesinnung, aus der diese hervorgehen, die von ihnen erzeugten Wirkungen und die Werte und Normen selbst.«

»Ein besonderer Ausgangspunkt des ethischen Denkens ist die Frage, ob die sittlichen Willensantriebe und Wertschätzungen angeboren, also in gewissem Ausmaß allen Menschen gemeinsam sind oder ob sie aus der Erfahrung gewonnen werden und daher nach Völkern und Zeitaltern wechseln.«

Gibt es also eine universelle Ethik, die für alle gültig ist, oder sind die ethischen Werte relativ, wie die der Kulturen, über die ich im letzten Kapitel gesprochen habe?

Wenn es einen höchsten und universellen ethischen Wert gibt, was wäre er denn dann? Die Evolution gibt eine Antwort. Sie will, dass das Leben in Vielfalt und Fülle gedeiht. Das wäre dann der Kern eines universellen kulturübergreifenden Wertfeldes, an dem sich alle unsere menschlichen Handlungen messen lassen müssen.

*

Bleiben wir beim Bild der Wertelandschaften, in denen sich der evolutionäre Weltprozess mit seinen fünf Wertebenen abspielt:

144

1. Die unterste Ebene sind die egoistischen Werte des Individuums, das überleben will.
2. Der Wertehorizont der Institutionen, in die das Individuum eingebunden ist.
3. Der wirtschaftlich politische Wertehorizont.
4. Der kulturelle mit den Wertegipfeln der einzelnen Kulturen.
5. Aber da bleibt über allem als höchster Wertehorizont eine Frage, die in den anderen Wertebenen nicht beantwortet werden kann: die Frage nach Ursprung, Sinn und Ziel des Seins. Hier gab und gibt es Mächtige, die die Deutungshoheit über diese letzte und höchste Ebene für sich beansprucht haben und noch beanspruchen: die Päpste, die Mächtigen in den Religionen, die Philosophie-Professoren.

Aber ihre Weisheit ist oft zu sehr traditionell gewachsen und in Traditionen gebunden, um als universelle Ethik gelten zu können. Deshalb muss man es zuspitzen auf die Frage nach Ursprung, Sinn und Ziel des Seins und auf den Versuch, daraus abzuleiten, was gut und was böse ist.

War alles gut, was im Namen von Religionen angerichtet wurde? Und ist es heute noch gut? Sind Kreuzzüge, Inquisition, heilige Kriege, Hexen- und Ketzerverbrennungen, Attentate im Namen Gottes gut oder böse?

Aus der Ebene der Religionen und Kulturen werden sie zum Teil als gut bewertet: »Gott will es!« Das ist die perfideste Begründung, mit der Leben zerstört worden ist.

*

Es gab in der Geschichte des Denkens der Menschheit viele Versuche, ein moralisches Grundgesetz zu finden, das universeller Natur und unabhängig ist von historisch gewachsenen moralischen und ethischen Traditionen.

Als die drei wichtigsten kann man nennen:

- Das ist vor allem der Kategorische Imperativ von Immanuel Kant: »Handle so, dass die Maxime deines Handelns zur Grundlage einer allgemeinen Gesetzmäßigkeit werden kann.« Das ist ein Prinzip, das sich aus sich heraus versteht: Was passiert, wenn alle so handeln? Gedeiht das Leben weiter oder geht es unter?
- Auch die Menschenrechte in ihrem evolutionären Werdeprozess bis hin zu der Formulierung von 1948 sehe ich als einen Weg an, ein ethisches Postulat zu finden, das universeller Natur ist und über den religiös oder regional gebundenen Ethiken steht.
- Und schließlich die aus der Sicht des großen evolutionären Spiels einfachste und klarste ethische Forderung, die von Albert Schweitzer formuliert worden ist: »Ehrfurcht vor dem Leben«.

*

Bei dem Versuch, ethische Postulate aus der Evolution abzuleiten, gibt es eine große Gefahr.

Die Fülle der Lebensstrategien ist so vielfältig, dass man auch Grausamkeiten als natürliche Vorgänge interpretieren kann und für jede Grausamkeit eine Begründung hat. Dieser Gefahr sind die Soziobiologen zum Teil erlegen.

Wenn man aber zurück zu der Ausgangsfrage geht, der Frage nach Ursprung, Sinn und Ziel des Seins, um daraus ein ethisches Postulat abzuleiten, wird es schon anders.

Das Denken der Naturwissenschaftler beginnt mit dem Urknall. Das ist der Ursprung des Seins. Warum es diesen Urknall gab und welcher Urwille dahinter stand, darüber können die Naturwissenschaftler nichts sagen.

Auch der Sinn des Seins erschließt sich nicht aus dem naturwissenschaftlichen Denken. Das Leben hat kein Ziel, sagen die Naturwissenschaftler. Aber es hat ein bisher erkennbares Ergebnis seit über 13 Milliarden Jahren nach dem Urknall und ca. 3,5 Milliarden Jahren seit der ersten Urzelle: Das Leben will gedeihen in Vielfalt und Fülle.

Das heißt, es sucht ein Gleichgewicht der Entwicklungschancen, bei dem die kleinste Amöbe in ihrem Biotop Chancen hat, sich zu entfalten wie der große Elefant und die kleinste Flechte, wie der große Mammutbaum.

Hier liegt der Kern eines ethischen Imperativs, der sich für mich schlüssig aus der Beobachtung des Evolutionsgeschehens ergibt: das Gedeihen des Lebens in Vielfalt und Fülle zu fördern. Dieser »Kategorische Imperativ der Evolution« braucht auch keine Begründung, die man außerhalb des Evolutionsgeschehens sucht. Die trägt sie in sich selbst mit dem Begriff der »regulierenden Katastrophe«.

Wenn die Theorie stimmt, dass die Evolution das Gedeihen des Lebens in Vielfalt und Fülle sucht und Fehlwege in diesem Prozess sich immer wieder durch Katastrophen einregulieren, dann ist es einfach ethisch klug und zeugt von einer hohen evolutionären Intelligenz, alles zu tun, damit das Leben in Vielfalt und Fülle gedeihen kann und keine »regulierenden Katastrophen« braucht.

Das Gedeihen des Lebens in Vielfalt und Fülle zu fördern ist auch viel mehr als ein trockenes ethisches Postulat. Es ist eine begeisternde Aufgabe, die in der Praktikabilität des Lebens täglich angewandt werden kann.

Wenn sie noch gestützt ist von der Ahnung, dass die Evolution ein großes Spiel spielt, und von der Achtung vor diesem großen Spiel, ist es eine Idee, die die Blässe und Blutleere vieler ethischer Postulate weit hinter sich lässt, die nicht nur überzeugen, sondern auch begeistern kann.

*

»Opa, kannst du mir den Urknall erklären?« Mit dieser Bitte kam mein Enkel Nick (4 Jahre) an dem Tag zu mir, als in Genf die Urknall-Maschine angeschaltet wurde. Er brachte mich mit dieser Frage in erhebliche Verlegenheit. Sie löste dann aber einen Nachdenkprozess aus, der für mich zu einem verblüffenden Ergebnis führte.

Was ist denn seit dem Urknall geschehen? Zuerst waren Teilchen da, die sich in ein verblüffend einfaches System der Elemente einfügten. Es ist eine Fülle von Stoffen entstanden. Auch hier also war schon die Materie auf der Suche nach Vielfalt und Fülle. Dann entstand die erste Urzelle. Die war allein. Wir wissen, es gab nur eine, denn es gibt nur einen genetischen Code. Aber sie wollte nicht allein bleiben. Sie teilte sich. Mit der Teilung gab es Veränderungen, so dass auch hier Vielfalt und Fülle entstand.

Aus der einen Urzelle ist eine unermesslich reiche Natur geworden. Aber die Einzelteilchen und die Urzelle rivalisierten miteinander um ihre jeweiligen Lebenschancen. Sie mussten »Spielregeln« finden und haben sie gefunden, um miteinander zu kooperieren, weil sonst das große Spiel wieder zusammengebrochen wäre.

Es ist keine vollkommene Welt, die so entstanden ist. Die Welt ist auf dem Wege. Wir Menschen sind sicher nicht die Krone der Schöpfung. Aber wir müssen das Gewissen der Schöpfung sein. Keines der Lebewesen dieser Erde ist allein so mächtig geworden, das große Spiel des Lebens zu zerstören. Jede Art kann untergehen. Aber das Leben geht weiter.

*

Nur wir Menschen haben die Macht gewonnen, vielleicht nicht das Leben als Ganzes auszurotten, aber so zu schädigen, dass ein Milliarden Jahre während Werdeprozess zerstört wird.

Da gehören wir alle zu den Mächtigen, nicht nur die fünf Kategorien, die ich speziell angesprochen habe.

Die Quintessenz

1. Die höchste Wertebene in der Wertelandschaft eines
   Mächtigen ist die Glaubensebene mit der Kernfrage
   nach Ursprung, Sinn und Ziel des Seins. Es ist die Ebene, in der die Religionen glauben, dass sie die Antwort
   haben.
2. Aber waren ihre Antworten immer richtig? Kreuzzüge,
   Inquisition, heilige Kriege, Hexenverbrennungen – alles
   Verbrechen, die mit Religion begründet worden sind:
   Gott will es! Die Begründungen für diese Verbrechen
   fand man in den sogenannten heiligen Büchern und findet sie heute noch.
3. Wenn das Grundgesetz der Evolution das Gedeihen des
   Lebens in Vielfalt und Fülle ist, dann ergibt sich daraus
   ein ethisches Postulat – ein kategorischer Imperativ, das
   Gedeihen des Lebens in Vielfalt und Fülle zu fördern.
4. In dem Begriff der Vielfalt liegt die Achtung vor dem
   Kleinen, dem Schwachen, der Minderheit, vor den Keimen und den Anfängen. Das Leben sucht Gleichgewich-
   te der Entwicklungschancen für die kleine Amöbe und
   für den großen Elefanten.
5. Diese Ethik vom Gedeihen des Lebens in Vielfalt und
   Fülle ist mehr als ein abstraktes Prinzip. Sie basiert auf
   der Ahnung eines großen Geschehens, der Evolution,
   dem großen Werdeprozess vom Urknall her. Wir Menschen haben die Macht, das große Spiel des Lebens zu
   stören und zu zerstören. Aber weil wir die Macht haben, haben wir die Verantwortung. Jeder, nicht nur die
   Mächtigen!

Politik war für Adolf Hitler, der sich selber einen Sozial-darwinisten nannte, »Führung und der Ablauf des geschichtlichen Lebenskampfes der Völker«. Ohne Krieg herrsche Stillstand, und Stillstand sei gleichbedeutend mit Untergang. »Es lebe der Krieg – selbst wenn er zwei bis acht Jahre dauert.« Hitler war zum Frieden nicht fähig.

Wozu das geführt hat, habe ich noch sehr bewusst erlebt. Ich war 15 Jahre alt, als der Krieg zu Ende ging. Ich habe noch die Welt erlebt mit Nachrichten über Bombenangriffe auf die Städte. Ich habe erlebt, dass alle paar Tage in das Moseldorf, in dem ich aufgewachsen bin, die Nachricht kam, dass wieder ein Mann oder ein Sohn gefallen war.

Als Schüler habe ich drei abstürzende Flugzeuge gesehen: ein brennendes amerikanisches Flugzeug über unserem Dorf, das nachher im Nachbardorf in die Weinberge stürzte. Einen Luftkampf über der Mosel, bei dem ein amerikanischer Pilot aus seinem Flugzeug kletterte und mit dem Fallschirm nach unten schwebte. Und ich habe gesehen, wie über der Lübecker Bucht ein Flugzeug im Meer versank.

In der Schule hat man uns den Segen des Führerprinzips erklärt: Einer muss sagen, wo es lang geht. Ein Volk, ein Reich, ein Führer! Und ich habe das geglaubt.

Als Dreizehnjähriger habe ich das schreckliche Lied gesungen: »Wir werden weiter marschieren, wenn alles in Scherben fällt. Denn heute gehört uns Deutschland und morgen die ganze Welt«.

Später, als ich erwachsen war, habe ich mich furchtbar

geärgert, dass ich als Dreizehnjähriger nicht klug genug war, den Wahnsinn dieser Zeilen zu begreifen.

Dann kam das Kriegsende mit dem Suchprozess nach neuen Lösungen. Die SPD wollte die Planwirtschaft und Verstaatlichung von Industrien. Die CDU mit dem Wirtschaftsminister Ludwig Erhard und seinem Staatssekretär Alfred Müller-Armack entwickelte das Konzept der Marktwirtschaft. Es tobte ein heftiger Richtungsstreit. Auch für die Planwirtschaft gab es Argumente, weil die Produktionskapazität so gering war und man glaubte, das Wenige, das produziert werden kann, müsse rationiert und zugeteilt werden.

Ich habe die Aussöhnung in Europa erlebt, vor allem mit Frankreich. Frankreich galt seit dem Krieg von 1870/71 als der Erzfeind.

Ich habe dann die Suche nach einer neuen Ordnung in Europa erlebt, der Kooperation der Völker.

Wir sehen heute die kooperative Welt, in der wir leben, als fast selbstverständlich an. Wer den Krieg erlebt hat, weiß, dass das nicht so ist. Das musste erarbeitet werden. Dieses Europa hat bei allen Schwächen eine hohe System-Intelligenz. Niemand braucht mehr Raubtier-Strategien, um seine Position zu festigen.

Als 1990 die Wiedervereinigung kam, hatte die britische Premierministerin Margaret Thatcher, wie die Akten zeigen, eine panische Angst vor einem mächtigen, wieder vereinigten Großdeutschland, einem Deutschland, das zwei Weltkriege angezettelt hat. Würde es wieder zur Großmacht streben? Würde es z. B. die Oder-Neiße-Grenze in Frage stellen?

Das ist alles nicht passiert. Dieses neue wieder vereinigte Deutschland hat sich integriert in Europa und lebt in einer friedlichen Kooperation mit seinen Nachbarn im Osten und im Westen, im Norden und im Süden. Wir singen nicht mehr »Deutschland, Deutschland über alles, über alles in der Welt« – die erste Strophe des Deutschlandliedes. Wir singen heute: »Einigkeit und Recht und Freiheit für das deutsche Vaterland. Danach lasst uns alle streben, brüderlich mit Herz und Hand«.

Die Mächtigen in der Erziehung, in der Wirtschaft, in der Politik, in den Kulturen und die Mächtigen der Ethik schaffen heute in weitem Maße intelligente Systeme, in denen Menschen so geführt werden, dass sie friedlich miteinander leben. Die Evolution zeigt uns, dass das möglich ist.

Die Menschen haben das große Faultier verachtet. Sie bewundern die Raubtiere in ihrer strategischen Klugheit. Aber dieses große Faultier zeigt uns, dass man mit einer hohen System-Intelligenz friedfertig leben kann und dass der Überlebenserfolg sogar viel größer ist als der der Raubtiere.

Wenn ich meinen Großvater, der im Krieg während des Frankreich-Feldzuges gestorben ist und der an die Urfeindschaft mit Frankreich geglaubt hat, auf die Erde zurückholen könnte, würde ich ihm dieses große friedliche Europa gerne vorführen. Ich würde mit ihm über Ländergrenzen fahren, und wir würden in Lüttich einen Kaffee trinken und mit der gleichen Währung bezahlen. Niemand würde uns an der Grenze kontrollieren. Ich würde ihm ein Europa vorführen, das friedlich miteinander kooperiert, in dem niemand mehr wie Hitler glaubt, dass Krieg ein natürlicher Vorgang im Ablauf des geschichtlichen Lebenskampfes der Völker sei und dass nur durch Krieg ein Land seine Existenz behaupten kann.

Dieses Buch zeigt auf, dass kluge Systeme nicht aggressiv sein müssen, weil sie kooperativ sind. Ein System ist dann intelligent, wenn es sich einfügt in den Kontext der Lebensentwicklung des Gedeihens des Lebens in Vielfalt und Fülle. Es entspricht dann einer universellen Ethik, die über den Wertfeldern der Erziehung, der Wirtschaft, der Politik und der Kultur liegt.

Literatur

Axelrod, Robert. *Die Evolution der Kooperation.* München 2000.

Benedikt von Nursia. *Die Benediktusregel.* [ca. 577] Hrsg. Im Auftrag der Salzburger Äbtekonferenz. Beuron 1992.

Clausewitz, Carl von. *Vom Kriege.* [1832] Augsburg 1998.

Darwin, Charles. *Die Entstehung der Arten.* [1859] Stuttgart 1976.

Eigen, Manfred. *Stufen zum Leben.* München 1987.

Franke, Herbert W. »Die Welt als Programm«. *Naturwissenschaftliche Rundschau.* Heft 10/1992. S. 379 ff.

Hayek, Friedrich August von. »Evolution und spontane Ordnung«. Vortrag gehalten am 5. Juli 1983. Bank Hofmann AG, Zürich.

Huntington, Samuel P. *Kampf der Kulturen.* München, Wien 1996.

Kompaktlexikon der Biologie. Bd. 2, Heidelberg 2002.

Lackner, Stephan. *Die friedfertige Natur.* München 1982.

Lorenz, Konrad. *Der Abbau des Menschlichen.* München, Zürich 1983.

Lorenz, Konrad. *Die Rückseite des Spiegels.* München 1973.

Lorenz, Konrad. *Vergleichende Verhaltensforschung. Grundlagen der Ethologie.* München 1984.

Lorenz, Konrad. »Analogie als eine Quelle der Erkenntnis«. Nobelpreisrede vom 12. Dezember 1973 in Stockholm. *Les Prix Nobel en 1973.* Hrsg. The Nobel Foundation 1974. S. 176–195.

Machiavelli, Niccolò. *Il Principe. Der Fürst.* [1532] Hrsg. Philipp Rippel. Stuttgart 1986.

Meadows, Dennis; Meadows, Donella; Zahn, Erich und Milling, Peter. *Die Grenzen des Wachstums*. Reinbek 1974.

Monod, Jacques. *Zufall und Notwendigkeit*. München 1972.

Morus, Thomas. *Utopia*. [1516] Köln 2009.

Popper, Karl R. *Ausgangspunkte*. Hamburg 1979.

Popper, Karl R. *Auf der Suche nach einer besseren Welt*. München 1987.

Popper, Karl R. *Objektive Erkenntnis*. Hamburg 1974.

Popper, Karl R. *Alle Menschen sind Philosophen*. München, Zürich 2005.

Popper, Karl R. *Alles Leben ist Problemlösen*. München, Zürich 1995.

Popper, Karl R. und Lorenz, Konrad. *Die Zukunft ist offen*. München 1985.

Rappaport, Alfred. *Shareholder Value*. [1986] Stuttgart 1999.

Ratzinger, Josef. »Der angezweifelte Wahrheitsanspruch« *Frankfurter Allgemeine Zeitung*. 8. Januar 2000.

Riedl, Rupert. *Die Strategie der Genesis*. München 1986.

Riedl, Rupert. *Biologie der Erkenntnis*. Berlin 1981.

Schopenhauer, Arthur. *Die Welt als Wille und Vorstellung*. [1819] Zürich 1977.

Sliwka, Manfred. *Das Abenteuer deines Werdens*. Norderstedt 2005.

Sliwka, Manfred. *Denkschule Evolution*. Norderstedt 2005.

Sliwka, Manfred. *Die Praxis der Unternehmens-Evolution*. Norderstedt 2006.

»Überleben durch Trägheit: Faultiere im Amazonas-Regenwald«. *Kosmos*. Heft 6/1998. S. 91 ff.

Wiegrefe, Klaus. »Sprung ins Dunkle«. *Der Spiegel*. Heft 35/2009. S. 38 ff.

Manfred Sliwka
Das Abenteuer deines Werdens
Was junge Menschen lernen sollten,
um in der Welt von morgen erfolgreich zu sein
Zwölf Briefe
138 Seiten, Broschiert, ISBN 3-8334-2877-5

Das ist ein optimistisches Buch. Es zeigt, dass junge Menschen mit der richtigen Lebenseinstellung und dem richtigen Können in der Welt von morgen ungeahnte Chancen und Möglichkeiten haben.

Es ist ein Buch für alle jungen Menschen, die ihre Lebensentfaltung und Lebensgestaltung eigenverantwortlich, kraftvoll und gekonnt selbst in die Hand nehmen wollen – in welchen Berufen auch immer: ob als Handwerker, Ingenieur, Künstler, Manager oder …

Das Buch entstand aus 40 Jahren Arbeit mit Führungskräften – und damit aus der Erfahrung, welche Denk- und Verhaltensweisen erfolgreich machen und welche zum Scheitern führen.

Das »Hamburger Abendblatt« schrieb: »Manfred Sliwka gehört zu denen, die jungen Menschen Mut machen, Lebenshilfe geben und Werte vermitteln. Ich empfehle sein Buch allen Eltern, Lehrern und Politikern.«

Aus einem Mail an den Autor: »… von meinem Sohn (24 Jahre) soll ich Ihnen ausdrücklich mitteilen, dass er Ihr Buch einfach super findet. Es spricht ihn zu 150 Prozent an und wäre auch toll geschrieben.«

Manfred Sliwka
Denkschule Evolution
Führungsintelligenz und Führungsverantwortung
in Wirtschaft, Politik und Gesellschaft
Spielregeln des Gedeihens
292 Seiten, Gebundene Ausgabe, ISBN 3-8334-3627-1

Die Evolution ist die universelle und am längsten bewährte Entwicklungsmethode der Welt. Das Ergebnis dieses Entwicklungsprozesses ist das Gedeihen des Lebens in einer ungeheuren Vielfalt und Fülle.

Menschen, die Entwicklungsverantwortung tragen für Unternehmen oder für politische und gesellschaftliche Institutionen, können bei der Evolution in die Lehre gehen.

Es gibt allerdings »Spielregeln«, deren Einhaltung darüber entscheidet, ob ein System gedeiht, und deren Missachtung darüber, ob es untergeht.

Die Evolution zahlt heim mit »regulierenden Katastrophen« – das sind verlustreiche und schmerzliche Lernprozesse –, die immer dann eintreten, wenn man die evolutionären Spielregeln nicht begreift oder nicht wahrhaben will.

– »Denkschule Evolution« ist ein Buch für alle nachdenklichen Menschen, die als Geführte die Intelligenz oder die Dummheit, die Verantwortung oder die Verantwortungslosigkeit von Führungskräften in Wirtschaft, Politik und Gesellschaft kritischer beurteilen und besser bewerten möchten.

– »Denkschule Evolution« ist ein Buch für jene Führungskräfte, die ihrer Führungsintelligenz eine größere Reichweite und ihrer Führungsverantwortung eine höhere Wertebene geben wollen.

– »Denkschule Evolution« ist auch ein Buch für junge Menschen, die in Führungsverantwortung hineinwachsen wollen.

Manfred Sliwka
Die Praxis der Unternehmens-Evolution
Wenn Unternehmer bei Charles Darwin
in die Lehre gehen
Die sieben Führungsfelder
180 Seiten, Gebundene Ausgabe, ISBN 3-8334-5240-4

Nicht der Stärkste überlebt, wie Darwins Formel »The survival of the fittest« fälschlich ins Deutsche übersetzt worden ist, sondern der Kreativste. Die größte Überlebenschance haben jene Unternehmen, die mit evolutionärer Kreativität Marktnischen besetzen und ihre inneren Entwicklungspotentiale geschickt evolutionär entfalten.

Heute weiß man, dass Darwins Evolutionstheorie sehr viel weiter reicht, als die Entstehung der Arten zu erklären. Sie ist die erfolgreichste Entwicklungsmethode der Welt und hat zum großen Gedeihen des Lebens in Vielfalt und Fülle geführt. Deshalb sollten Unternehmer bei Darwin in die Lehre gehen.

Das Buch ist für Führungskräfte ein Praxisleitfaden, der die Führungsmethode der evolutionären Unternehmensentwicklung mit sehr vielen konkreten Beispielen aus der über 40-jährigen Erfahrung des Autors anschaulich schildert.

– Das ist ein Buch für jene Führungskräfte, die ihre Hauptaufgabe darin sehen, das langfristige Gedeihen ihres Unternehmens durch immer bessere Leistungen in den Märkten zu sichern.

– Es ist allerdings kein Buch für Führungskräfte, die ihre Erfolge über Finanzmanipulationen suchen.

– Das Buch zeigt konkrete Wege auf, ein Unternehmen so zu führen, dass Menschen sich in ihren Begabungen und Talenten, ihrer Verantwortung und ihren Ideen kraftvoll entfalten können, damit das Unternehmen sich aus sich selbst heraus erfolgreich entwickelt.

Manfred Sliwka
»Opa, kannst du mir den Urknall erklären?«
Mit dieser Bitte kam mein Enkel Nick (4 Jahre) an
dem Tag zu mir, als in Genf die Urknall-Maschine
angeschaltet wurde
76 Seiten, Broschiert, ISBN 978-3-8370-4940-4

Wie kommt ein Unternehmensberater dazu, den Urknall
zu erklären? Ein Unternehmensberater ist dafür da, mitzu-
helfen, dass sich ein Unternehmen erfolgreich in die Zukunft entwickelt. Dafür gibt es ein Vorbild: der große
Werdeprozess der Welt und des Lebens.

Und der begann mit dem Urknall. Damit ist das erfolgreichste Unternehmen der Welt begründet worden, das
sich gewaltig entwickelt hat.

Vor allem von dem Augenblick an, an dem das Unternehmen »Leben« als »Ein-Mann-Betrieb« mit der ersten
Urzelle seine Arbeit begann.

»Opa, kannst du mir den Urknall erklären?« So fragte
der 4-jährige Enkel Nick seinen Großvater an dem Tag, als
die Naturwissenschaftler in Genf den größten Teilchenbe-
schleuniger der Welt, den Large Hadron Collider, im For-
schungszentrum Cern angeschaltet hatten. Es wurde über-
all vom Urknall geredet, dessen Geheimnis man lüften
wollte.

Aus dieser einfachen Kinderfrage ist dieses Buch entstanden.

Albert Einstein hat einmal gesagt, wir müssten wieder
lernen – wie die Kinder –, die einfachen ursprünglichen
Fragen zu stellen und vor allem der Urfrage nicht auszu-
weichen: Wo kommt das alles her? Wie entstand das, was
wir als Welt erleben? Wo liegt unsere Verantwortung, damit umzugehen?

Und diese Verantwortung ist bei denen am größten, die
einen Führungsauftrag haben.

Weitere Informationen:
www.Manfred-Sliwka.de
www.denkschule-evolution.de